Richard Deiss

Hibbdebach bis Dribbdebach

222 Stadtteilbeinamen und -klischees - von Applebeach bis Zickzackhausen

Adresse des Autors:
Machnower Str 65
D-14165 Berlin
richard.deiss@gmail.com

Anregungen und Kommentare sind willkommen und werden in der nächsten Auflage berücksichtigt.

Herstellung und Verlag: BoD- Books on Demand, Norderstedt

Fünfte Auflage 2019, Originalausgabe

Printed in Germany

ISBN   978-3-839-1102-25

Bibliografische Information der Deutschen Nationalbibliothek

Die Deutsche Nationalbibliothek verzeichnet diese Publikation in der Deutschen Nationalbibliografie; detaillierte bibliografische Daten sind im Internet über http://dnb.d-nb.de abrufbar.

Inhalt

6 Klein-

7 Stadtteile und Zahlen

8 Grenzlinien und Gefälle 115

9 Essen und Trinken 121

Anhang 125

Vorwort

Alle wissen, was gemeint ist, wenn ein Stadtviertel als die *‚Bronx von...‘* bezeichnet wird. Doch was bedeutet es eigentlich, wenn ein Stadtteil das *Montmartre*, das *Quartier Latin* oder das *Greenwich Village von...* bezeichnet wird?
Warum gibt es in Magdeburg einen Stadtteil, der *Texas* genannt wird und wer meinte, Schwabing wäre eher ein Zustand als ein geographischer Begriff?
Welche Stadtteilnamen werden verballhornt und wo gibt es einen *Stadtteil mit zwölf Beinen*? Wo gibt es einen Stadtteil, welcher ‚Land der aufgehenden Sonne‘ genannt wird und wo ein ‚Ellenbogenhausen‘? Und was hat der Konsum von Latte Macchiato mit der Entwicklung eines Stadtteils zu tun?
Neben einer Beschreibung der Beinamen von wichtigen Städten in Deutschland, Europa und der übrigen Welt werden im Buch Stadtteile dargestellt, die international als Synonym für bestimmte Stadtviertelmerkmale gelten, so die Bronx, Kreuzberg oder Soho. Schließlich wird das Ganze abgerundet durch Zahlen, die mit Stadtteilen assoziiert werden, und durch eine Auflistung von Beinamen von Bauwerken und anderen städtischen Infrastrukturen. Ich hoffe, das Buch bietet trotz vieler Tabellen interessanten und nützlichen Lesestoff. Über weitere Hinweise zu Stadtteilbeinamen würde ich mich freuen. Neuauflagen sind vorgesehen.

Berlin, im Juni 2019
Richard Deiss

1. Stadtteilbeinamen Deutschland

<u>1.1 Berlin und östliche Bundesländer</u>

<u>Vermischtes zu Stadtteilen verschiedener Städte</u>

Halle-Neustadt

Halle-Neustadt wird von der Bevölkerung auch *HaNeu*, beziehungsweise *Hanoi* genannt. Das zu DDR Zeiten als *Stadt der Chemiearbeiter* gegründete Halle-Neustadt war erst Stadtteil von Halle (welches so vernachlässigt wurde, dass die Bewohner sagten ‚*Ruinen schaffen, ohne Waffen*‘), wurde 1967 dann zur eigenständigen Stadt und schließlich 1990 wieder nach Halle eingemeindet.

Rostock-KTV

Die Kröpeliner-Tor-Vorstadt in Rostock wird oft einfach zu KTV abgekürzt.

Potsdam-Babelsberg

Babelsberg hieß ursprünglich Nowawes. Doch der aus dem Tschechischen kommende Name - hier hatte Friedrich II. einst böhmische Weber ansiedeln lassen - der bis 1938 selbstständigen Stadt klang den Nazis zu undeutsch. Nowawes wurde deshalb 1938 in Babelsberg umbenannt. 1939 verschwand der neue Stadtname dann schon wieder, denn Babelsberg wurde nach Potsdam eingemeindet.

Jena-Lobeda

Die Kirchengemeinde im Jenaer Stadtteil Lobeda lockt mit dem Motto: *Lebe hier, lobe da.*
Studenten singen übrigens: *In Jene lebt sich's bene.*

Stadtviertel	Spitzname/Verballhornung
Adlershof	Ahof
Charlottenburg	Charlottengrad (historisch)
Hohenschönhausen	Hohenschönweitdraußen
Karlshorst	Dahlem des Ostens
Köpenick	Waschküche Berlins (einst)
Kreuzberg	X-Berg, Klein-Istanbul
Lankwitz	LA
Märkisches Viertel	Merkwürdiges Viertel
Nord-Neukölln	Kreuzkölln
Oberschöneweide	Oberschweineöde
Prenzlauer Berg	Prenzelberg
Reinickendorf	R-Dorf

'36 brennt, 61 pennt.'

Berlin, die Hauptstadt der Spitznamen, weist etliche originelle Stadtviertelbeinamen und -verballhornungen auf. Oberschöneweide, Ortsteil des Bezirks Treptow-Köpenick, wird in Berlin auch *Oberschweineöde* genannt, Hohenschönhausen wegen seiner peripheren Lage auch *Hohenschönweitdraußen* und das Märkische Viertel wird zum *Merkwürdigen Viertel.* In anderen Fällen verkürzt der Berliner Volksmund Stadtviertelnamen, so Reinickendorf zu R-Dorf, Adlershof zu Ahof, Lankwitz zu LA und Kreuzberg zu X-Berg. Angesichts hoher türkischer Bevölkerungsanteile gibt es den Witz, der Stadtteil müsste bald in Halbmondberg umbenannt werden. Zu Mauerzeiten war Kreuzberg in die Postzustellbezirke SO 36 und SW 61 aufgeteilt. SO 36 galt als das eigentliche alternative Kreuzberg, mit vielen aus Westdeutschland zugewanderten jungen Aussteigern, während SW 61 gesetzter war. Deshalb gab es den Spruch *‚36 brennt, 61 pennt'.* Nach der Wende wurde der Prenzlauer Berg zum

Szeneviertel. Dort haben die einst jungen Zuwanderer mittlerweile Familien gebildet, Nachwuchs stellt sich ein. Wegen des Kindersegens wird das Viertel mittlerweile *Pregnancy Hill* (oder *Pregnant Hill*) genannt.

Während sich der Prenzlauer Berg immer mehr verbürgerlicht und auch Kreuzberg sich zunehmend gentrifiziert, wandelte sich in den letzten Jahren das nördliche Neukölln zum Szeneviertel. Hier siedeln sich immer mehr Galerien und Künstler an. Wegen seiner Ähnlichkeit zum früheren Kreuzberg wird Nordneukölln bereits *Kreuzkölln* genannt. Die Berliner Programmzeitschrift *Tip* nannte Nordneukölln im März 2010 die ‚*Lower East Side*‘ Berlins. Neukölln insgesamt gilt, besonders außerhalb Berlins, jedoch immer noch als Problemviertel mit hohem Anteil schlecht integrierter Migranten und steht beinahe schon für das deutsche Äquivalent zur Bronx. Interessanterweise hieß Neukölln früher Rixdorf und wurde extra umbenannt, um seinen schlechten Ruf abzuschütteln. Als Rixdorf, wie Neukölln bis 1912 hieß, war der Ort eine selbstständige Vorstadt von Berlin und Inbegriff frivoler Unterhaltung (‚*in Rixdorf ist Musike*‘). Acht Jahre nach der Umbenennung wurde Neukölln nach Großberlin eingemeindet.

Weil hier viele vor dem Kommunismus geflüchtete russische Exilanten wohnten (es gab sogar russische Tages- und Wochenzeitungen) hatte Charlottenburg in den 1920er Jahren den Beinamen *Charlottengrad*.

Im Zweiten Weltkrieg wurde Berlin durch seine Lage tief im Binnenland später bombardiert als westdeutsche Städte. Doch ab März 1944 flogen Bomber Angriff auf Angriff und vor allem westliche Stadtteile wurden zerstört. Charlottenburg kam zu dieser Zeit zum Spitznamen *Klamottenburg*. Das aus dem Rotwelschen stammende Wort Klamotte stand früher für einen zerbrochenen Ziegelstein und hatte noch nicht die weiteren Bedeutungen wie heute. Trümmerberge hatten deshalb nach dem Weltkrieg öfters den Spitznamen Mont Klamott. Weitere Spitznamen als Folgen der Bombardierung waren *Trichterfelde* (für Lichterfelde), *Steht nix* (Steglitz) und *Wimmersdorf* (Wilmersdorf). Andere wenig zerstörte Viertel im Westen blieben Maßstab gutbürgerlicher Stadtteile. So wird Karlshorst als das *Dahlem des Ostens* bezeichnet, Frohnau als das *Zehlendorf des Nordens*.

Im Osten Berlins siedelten sich einst in der gewässerreichen Vorstadt Köpenick zahlreiche Betriebe an, die die Wäsche aus Berlin reinigten. Köpenick hatte deshalb einst den Spitznamen *Waschküche Berlins*.

Mit der Schaffung von Groß-Berlin im Jahre 1920 kamen Stadtgebiete zu Berlin, die so weit von der inneren Stadt entfernt waren, dass sie im Berliner Jargon mit *jwd* bezeichnet wurden,(‚jannz weit draußen‘). JWD ist auch der Vorort Wandlitz, zu DDR-Zeiten Wohnort zahlreicher SED-Funktionäre. Da sie Dienstfahrzeuge der Marke Volvo fuhren, hatte Wandlitz in Ostberlin den Spitznamen *Volvograd*. Auch der Stadtteil Pankow wurde mit dem DDR-Regime assoziiert, so in Udo Lindenbergs Song ‚Sonderzug nach Pankow‘. Im Herzen Berlins an der Spree liegt das in den 1980ern wieder aufgebaute Nikolaiviertel, zu DDR-Zeiten auch ‚*sozialistisches Disneyland*‘ genannt.

Dresden

Stadtteil	Beiname, Verballhornung
Blasewitz	Goldstaubviertel
Friedrichstadt	Topflappenviertel
Cotta	Frosch-Cotte
Kaitz	Schweine-Kaitz
Löbtau	Kuh-Löbte

‚Willst du das Leben genießen, dann ziehe nach Striesen'.

Verschiedene Dresdner Stadtteile haben mit Tieren verbundene Beinamen. So wurde das 1903 nach Dresden eingemeindete Dorf Cotta auch als *Frosch-Cotte* bezeichnet. Die einst feuchte und sumpfige Lage des Dorfkerns unweit des Weidigt-Baches, die man später durch Trockenlegungen ameliioriert hat, führte zu diesem Beinamen. Einst gab es sogar in Cotta eine Gaststätte *‚Zum Frosch'*, das örtliche Stadtteilzentrum heißt *‚am Frosch'* und die Cottaer Stadtteilzeitung *Froschpost*.

Mit Cotta kam 1903 auch das benachbarte Bauerndorf Löbtau zu Dresden. Wegen seines Viehreichtums wurde es *Kuh-Löbte* genannt. Kaitz, ganz im Süden der Landeshauptstadt, wurde erst 1921 zu Dresden eingemeindet. Zu DDR-Zeiten gab es in Kaitz eine große Schweinemast-LPG. Der Gestank wurde je nach Windrichtung in Nachbarorte getragen und führte zum heute kaum mehr gebrauchten Beinamen *Schweine-Kaitz*. Der Stadtteil Trachau im Norden Dresdens hat einen Beinamen, der sich nicht auf Tiere, sondern den Menschen bezieht. Er heißt auch *Wilder Mann*. Eine Flachdach-Reihenhausanlage im Stadtteil hat wiederum den Beinamen ‚Klein-Marokko'. Die Verballhornung des Namens des Dresdner Vororts Ottendorf-Okrilla führt zu den Tieren zurück: Mottendorf Godzilla. Nicht tierisch ist der Beiname des einst wohlhabenden Blasewitz: *Goldstaubviertel*. Auch das Viertel Weißer Hirsch wird manchmal so genannt.

Leipzig

Stadtteil	Beiname
Musikviertel	Protzendorf
Grünau	Graunau Schlammhausen Stadt in der Stadt

‚Wem es zu wohl ist, der zieht nach Gohlis.‘

1989 hatte das seit 1976 entstandene Leipziger Plattenbauviertel Grünau noch 89 000 Einwohner. Im Jahre 2004 waren es nur noch 50 000, 2008 nur noch 44 000. Damit hat sich die Einwohnerzahl in den letzten 20 Jahren halbiert. Wegen der sinkenden Bevölkerungszahl wurden bereits 5600 Wohnungen abgerissen.

Grünau wird dadurch immer mehr zu dem, was sein Name versprach, ein grüner Stadtteil. Wegen der grauen Plattenbauten hatte Grünau zu DDR-Zeiten dagegen den Spitznamen *Graunau*. Als es sich noch im Bau befand und der Boden noch nicht eingesät war, hatte es auch den Spitznamen ‚Schlammhausen‘. Grünau galt als *‚Stadt in der Stadt‘*, doch an vielfältigen Einkaufsmöglichkeiten fehlte es lange. Durch das Einkaufszentrum Allee-Center verbesserte sich Mitte der 1990er Jahre endlich die Versorgungssituation.

Ein etwas edleres Leipziger Stadtviertel ist das Musikviertel, welches so heißt, weil etliche Straßen nach Komponisten benannt sind. In dieser Südwestvorstadt entstanden ab den 1880er Jahren zahlreiche repräsentative öffentliche Gebäude. Aufgrund der stattliche Villen im Viertel hatte die Vorstadt auch den Spitznamen *Protzendorf*. Noch heute gibt es im Viertel ein *Café Protzendorf*. Weiter südlich liegt Connewitz das ‚Kreuzberg Leipzigs‘. Hier gibt es ein Jugend-Kulturzentrum namens *Conne Island*.

Chemnitz

Stadtteil	Beiname
Harthau	Wiege der sächsischen Industrie
Yorckgebiet (Teil)	Yorckmassiv
Sonnenberg	Son Francisco

‚Dresden feiert, Leipzig handelt, Chemnitz arbeitet'.

Der heutige Chemnitzer Stadtteil Harthau entwickelte sich ab 1798 zu einem Industriestandort, der der Industrialisierung Sachsens wichtige Impulse gab. Harthau hat deshalb auch den Beinamen *‚Wiege der sächsischen Industrie'*. Ein wichtiger Chemnitzer Unternehmer war der im Elsaß geborene Richard Hartmann, auch sächsischer Lokomotivkönig genannt. Neben Lokomotiven wurden in Hartmanns Werken auch Spinnereimaschinen und Webstühle gebaut. Hartmann trug somit dazu bei, Chemnitz zu einem *sächsischen Manchester* (Manchester war im 19. Jahrhundert Inbegriff einer Textilindustriestadt) zu machen. Aufgrund vieler rauchender Schlote wurde die Stadt auch *Rußchamtz* genannt.

Als Industriestadt mit Arbeitertradition wurde Chemnitz 1953 in Karl-Marx-Stadt umbenannt. Ein Marx-Monument, von den Chemnitzern *Nischel* genannt, erinnert an diese Zeiten. Zu DDR-Zeiten wurden am Rande der Stadt viele Plattenbauten errichtet, so auch im östlichen Stadtteil Yorckgebiet. In diesem Stadtteil sind sie wegen der landschaftlichen schönen Lage noch heute gut belegt (ein örtliches Einkaufszentrum heißt übrigens New Yorck). In einem Teilgebiet stehen jedoch dicht gestaffelt wenig sanierte Plattenbauten, wegen seiner Anmutung von den Chemnitzern *Yorckmassiv* genannt.

☞: Der als Karl Schmidt 1884 in Rottluff geborene expressionistische deutsche Maler nannte sich seit 1905 Schmidt-Rottluff (Schmidts gab es zu viele). Der Ort Rottluff wurde 1929 nach Chemnitz eingemeindet.

<u>Magdeburg</u>

Stadtteil	Beiname
Nördl. Innenstadt	Knattergebirge (einst) Klein-London (einst)
Nordwest	Texas

‚Magdeburg, Texas‘

Die Kriegszerstörung und eine teilweise von stalinistischem Baustil inspirierte Innenstadtarchitektur sowie Plattenbauten hatten Magdeburg lange zu einer grausten Großstädte der DDR werden lassen. Lange war kaum vorstellbar, dass Magdeburg in den 1920er Jahren durch die farbenfrohe Architektur des Stadtbaurates Bruno Taut (1880-1938) als *‚Bunte Stadt‘* Furore machte. Mit dem Hundertwasserbau ‚Grüne Zitadelle‘ hat Magdeburg 2005 an diese Tradition angeknüpft.

Heute weist in der aufgeräumten Stadt kaum mehr etwas darauf hin, aber Magdeburg hatte einst das am dichtesten besiedelte Stadtviertel Deutschlands. Dieses am Elbhang gelegene quirlige Innenstadtviertel hieß im Volksmund *Knattergebirge* oder auch *Klein-London*. Im Zweiten Weltkrieg völlig zerstört, ist von der einstigen dichten Bebauung nichts geblieben.

Der Magdeburger Stadtteil Nordwest wird auch *‚Texas‘* genannt, seine Bewohner ‚Texaner‘. Im Zweiten Weltkrieg war dieser Stadtteil im stark zerstörten Magdeburg von Bomben weitgehend verschont worden, weshalb hier Flüchtlinge einquartiert wurden. Doch es kam zu Schlägereien und zu Selbstjustiz - es ging zu wie in ‚Texas‘. Zu DDR-Zeiten sorgte ein Jugendklub im Stadtteil für häufige Einsätze der Volkspolizei und der Spitzname schien weiter Berechtigung zu haben. Heute ist aus dem Jugendclub ein Seniorentreffpunkt geworden, doch noch immer braucht man in Magdeburg nur *‚Texas‘* zu sagen und der Taxifahrer bringt einen nach Nordwest.

Vermischtes zu Stadtteilnamen im Norden

Osnabrück-Wüste

In Osnabrück gibt es einen Stadtteil mit dem offiziellen Namen *Wüste*. Einst veröffentlichte das Magazin DER SPIEGEL in Unkenntnis der örtlichen Verhältnisse in der Rubrik *Hohlspiegel* eine für die Stadt nicht ungewöhnliche Anzeige in der neuen Osnabrücker Zeitung ‚Suche für meine Oma Wohnung in der Wüste'.
☞ Die Einwohner des Stadtteils nennen sich übrigens scherzhaft *Wüstlinge*.

Wilhelmshaven-Fedderwardergroden

Der Wilhelmshavener Stadtteil Fedderwardergroden hat einen so langen Namen, dass man umgangssprachlich einfach F-groden sagt und schreibt.
☞In Ostfriesland sagt man: ‚*In Aurich ist's schaurich, in Leer noch viel mehr. Doch will Gott einen wirklich bestrafen, so schickt er ihn nach Wilhelmshaven.'*

Emdens Stehkragenviertel

In Emden gibt es einen nach militärischen Ereignissen Anfang des 20. Jahrhunderts Port Arthur/Transvaal genannten Stadtteil, wo Otto Waalkes aufwuchs. In Emden wird zudem das Herrentor *Stehkragen-Viertel* genannt.

Hildesheim-Himmelsthür

Im Hildesheimer Stadtteil Himmelsthür wurde 1967 das erste Weihnachtspostamt Deutschlands eröffnet. Im Zuge von Rationalisierungsmaßnahmen der Deutschen Post AG wurde die Filiale allerdings kürzlich geschlossen. Briefe an den Weihnachtsmann in Himmelsthür sollen aber weiterhin beantwortet werden.

Hamburg

Stadtteil	Spitzname, Verballhorn.
Barmbek	Armbek, Basch
Blankenese	Positano des Nordens
Grenze Flottbeck/Othmarschen	Flottmarschen
Georgswerder	Ziegenbek
Hammerbrook	Jammerbrook
Pöseldorf	Schnöseldorf
Eppendorf	Deppendorf
Ottensen	Mottensen, Mottenburg
Steilshoop, Einfam.hausgebiet	Blankenese von Steilshoop
St. Pauli	St. Lustig und St. Liederlich
Wilhelmsburg	Balkan Hamburgs, W-Town

,Und Gott schuf im Zorn, Billstedt, Hamm und Horn'.

Billstedt, Hamm und Horn wurden im Krieg zerstört und teilweise mit einfacher 1950er Jahre Architektur und mit kruden 1970er Jahre Wohnblöcken bebaut. Heute werden diese Stadtteile bei Studenten beliebter, da sich innenstadtnahe In-Gegenden wie das Schanzenviertel in einem Gentrifizierungsprozess befinden und für schmale Geldbeutel immer schwerer erschwinglich sind. Auch nicht auf Rosen gebettet ist Barmbek, in Hamburg zu *Armbek* verballhornt und Hammerbrook (*,Jammerbrook'*). Gutsituierte wohnen dagegen in Pöseldorf, was auch als *Schnöseldorf* gilt. In Eppendorf geht es ebenfalls recht edel zu. Neider sagen trotzdem *Deppendorf*.

Die heute einfache Wohnlage Billstedt zählte einst sogar ebenfalls zu den besseren Quartieren und galt als *Blankenese Hamburgs*. Während sich Hamburg *,Tor zur Welt'* nennt, sieht sich das an einem Geesthang gelegene Blankenese als *,Fenster zur Welt'*. Das noble und konservative Blankenese, wegen seiner Topographie (Treppenviertel) auch *,Positano des Nordens'* genannt, kam 1927 gegen den Willen vieler Bewohner mit dem Groß-Altona-

Gesetz zur als rot geltenden Großstadt Altona. 1938 wurde Groß-Hamburg geschaffen und Altona selbst wiederum zu einem Stadtteil Hamburgs.

Wegen seiner starken Arbeiterbewegung hatte Altona zeitweise den Spitznamen *Klein-Moskau*. Als Altona noch dänisches und später preußisches ‚Ausland‘ war, war es Konkurrent von Hamburg. Deshalb wurde sein Name von den Hamburgern auch als *Al too nah* (Allzu nah) interpretiert. Andererseits galt Altona auch als ‚*Hamburgs schöne Schwester*‘.

Ein besonderes Eigenleben führte früher auch der Stadtteil Wandsbek. Wandsbek war bereits früh ein toleranter Flecken, hier wurden bereits ab 1600 Juden und Mennoniten geduldet. Schuldner fanden im liberalen Wandsbek Zuflucht und Paare konnten ohne Zustimmung der Eltern getraut werden. ‚*Was sonst nicht gilt, gilt doch in Wandsbek*‘ war früher ein Spruch in umliegenden Regionen. In Dänemark, zu welchem Wandsbek einst gehörte, sagt man noch heute ‚*Ach geh doch nach Wandsbek*‘. Matthias Claudius (1740-1815) machte Wandsbek zudem durch den *Wandsbeker Boten* bekannt.

Im Osten Hamburgs liegt auch das Viertel Mümmelmannsberg. Es wird scherzhaft und anglisierend auch *Bunny Hill* genannt. Als sozialer Brennpunkt gilt, trotz idyllischer Ecken, das südlich der Elbe gelegene Wilhelmsburg. Sein Spitzname ist *W-Town* oder *Balkan Hamburgs*. Bereits früh gab es in der Gegend feine Unterschiede. So nannten die Bewohner des vornehmeren Wilhelmsburger Stadtviertels Reihersteig einst das ländlichere Georgswerder (heute Ortsteil Wilhelmsburgs) wegen der dort gehaltenen Tiere *Ziegenbek*.

Für die Kirchspiele der Hamburger Innenstadt galt im Mittelalter übrigens: *St. Petri de Rieken (Reichen), St. Nikolai desglieken (desgleichen), St. Katharinen de*

Sturen (Vornehmen), St. Jacobi de Buren (Bauern), St. Michaelis de Armen, dat mag Gott woll erbarmen.
Zu Hamburgs Mitte gehört auch der Stadtteil Hammerbrook. Hier gibt es das Projekt *Hammerbrooklyn*, ein *Digitalcampus*, der Wirtschaft und Wissenschaft, etablierte Unternehmen und Startups zusammenbringen soll.

Der gehobene, an der Elbe gelegene Hamburger Stadtteil Othmarschen grenzt im Norden an Flottbeck. Bewohner des Berührungsraumes beider Stadtteile bezeichnen dieses Gebiet auch als *Flottmarschen*.
Südlich der Sülldorfer Landstraße im Stadtteil Iserbrook im Westen Hamburgs wird es Richtung des wohlhabenden Viertels Blankenese immer exklusiver. Die Sülldorfer Landstraße wird deshalb in Hamburg auch als *Kaviaräquator* bezeichnet.

Bremen

Stadtteil	Beiname
Gröpelingen	Rotes Gröpelingen, Klein-Moskau
Osterholz-Tenever	Klein-Manhattan
Vegesack	Bremens frische Brise
Walle	Kreuzberg Bremens
Woltmershausen	Pusdorf

‚In Walle wohn' se alle.'

Der Bremer Stadtteil Walle hat 27 000 Einwohner, hier lebt also jeder 20. Bremer. Trotzdem hieß es früher *‚In Walle wohn' se alle'*, denn zur Zeit der Industrialisierung bot Walle für eine wachsende Arbeiterschaft Unterkunft. Heute bezieht sich der Spruch eher auf die soziale Vielfalt des Viertels.

Im Stadtbezirk Ost liegt der Stadtteil Horn (-Lehe). In diesem grünen Viertel, welches Wohnen und Wissenschaft vereint, liegt die Universität Bremen und der Botanische Garten der Stadt. Als man nach einem Motto für das Stadtviertel suchte, gewann der Vorschlag *‚Horn isses'*. Die Bewohner bezeichnen sich jedoch noch nicht als Hornissen. In Bremen gibt es übrigens im Hafen eine Kaianlage namens *Kap Horn*.

Der Begriff *Vahraonen* für die Einwohner des Stadtteils Vahr ist dagegen üblicher. So bezeichnen sich vor allem Sportsfreunde, wie etwa die Mitglieder eines SV Werder Bremen Fanclubs.

Am Westrand Bremens liegt der 1945 in die Stadt Bremen eingemeindete Ortsteil Strom. Den dörflichen Charakter hat man sich bewahrt und das lässt man gleich am Ortseingang mit dem Transparent wissen *‚Hier ist ein Dorf - und das ist gut so.'*

Vegesack sieht sich dagegen als *‚frische Brise Bremens'* und dort gibt es sogar eine *Bremer Schweiz*.

<u>Hannover</u>

Stadtteil	Beiname
List	Pädagogenviertel
Linden-Süd	Klein-Iberia
Zooviertel	Hindenburgviertel, Kanzlerviertel

‚In Limmer wird's alle Tage schlimmer.'

Hannover gilt unter anderem durch den innerstädtischen Maschsee und den stadtnahen Eilenrieder Forst als Stadt hoher Lebensqualität und hat zudem einige schöne Stadtteile zu bieten. Wegen einer im Krieg stark zerstörten und teilweise mit gesichtsloser Nachkriegsarchitektur wieder aufgebauten Innenstadt muss Hannover jedoch Sprüche wie *'Nichts ist doofer als Hannover'* ertragen. Andererseits wurden Ortsteile Hannovers bereits früher Opfer von (heute) nicht mehr zutreffenden Redensarten. So sind im Volksmund außer dem oben zitierten von früher folgende Reime bekannt: *‚In Linnen is nix tau finnen. In Hannover hebbet se ok nix over.'* Als sich in den 1970er Jahren viele Spanier ansiedelten kam Linden zum Spitznamen ‚Klein-Iberia'. Mittlerweile wurde für den Stadtteil Vinnhorst im durch Autobahnen, Kanäle und Kraftwerke eher benachteiligten Norden Hannovers das positive Motto geschaffen: *‚In Vinnhorst im Norden lebt man schön und geborgen.'*
Eine Backstein-Arbeitersiedlung im Ortsteil Döhren trägt ebenfalls nicht zu einem positiven Spruch bei, denn sie wird *Döhrener Jammer* genannt (wohl wegen der einst niedrigen Löhne der Arbeiter). Als gehobener gilt der Stadtteil List. Dieser hat wegen der vielen Lehrer und Universitätsbeschäftigten, die dort wohnen, den Spitznamen *Pädagogenviertel* (bzw. Pädagogenghetto). Spitznamen für Stadtteilbewohner sind in Hannover eher unüblich. Wegen einer Schleuse werden jedoch Andertener Bürger auch *Schleusenkinder* genannt.

Braunschweig

Stadtviertel	Beiname
Vorwerksiedlung	Mau-Mau-Siedlung (einst)
Steinbergsiedlung	Gummistiefelsiedlung (einst)

‚Peine, Paris, Lamme.'

In Niedersachsen bezeichnet man mit dem Ausdruck `Peine, Paris, Pattensen, ´ einen unnötigen Umweg. Die Braunschweiger Variante ist `Peine, Paris, Lamme´. Lamme wurde 1974 nach Braunschweigs eingemeindet.

In den 1950er Jahren kämpfte die kenianische Unabhängikeitsbewegung Mau-Mau gegen die britische Kolonialherrschaft, was zur Bezeichnung Mau-Mau-Krieg führte. Soziale Elendssiedlungen am Rande bombardierter deutscher Städte, in denen Vertriebene und Ausgebombte zusammengepfercht waren, wurden wegen der sozial explosiven Lage und der angeblichen Zerstörungswut der Bewohner damals auch Mau-Mau-Siedlungen genannt. Mit der Vorwerkssiedlung gab es auch in Braunschweig eine *Mau-Mau-Siedlung*. Die im Norden Braunschweigs gelegene Siedlung gehört heute zum Stadtteil Rühme und wurde ursprünglich für die Mitarbeiter des Braunschweiger Volkswagen(vor)werks errichtet. Später wurde sie mit Flüchtlingsbauten nachverdichtet. Auch an anderen Stellen der Stadt wurde neuer Wohnraum für Vertriebene geschaffen. Als 1955 die ersten Gebäude der für Heimatvertriebene errichteten Steinbergsiedlung fertiggestellt waren, fehlten noch die Straßen, was wasserdichtes Schuhwerk erforderte und den Spitznamen *Gummistiefelsiedlung* nach sich zog.

☞: Als *Klinterklater* gilt man, wenn man `mit Okerwasser getauft´, also in Braunschweig geboren wurde (der Stadtstrand Braunschweigs an der Oker heißt übrigens *Okercabana*).

Lübeck

Stadtteil	Beiname
Schlutup	Bad Rollmopshausen
Travemünde	Lübecks schönste Tochter
Hochschulstadtteil	Stadt der kurzen Wege

Lübeck die Königin der Hanse, Travemünde ihre schönste Tochter.

Um 800 gegründet, übernahm Lübeck ab 1361 von Visby, welches von den Dänen erobert worden war, die Funktion eines Hauptortes der Hanse. Bald wurde Lübeck *Königin der Hanse* genannt. Mächtige Kirchen wurden gebaut und Lübeck zur *Stadt der sieben Türme*.
Die Hansestadt ist jedoch auch für leibliche Genüsse bekannt, so als Marzipanstadt. Die Fischverarbeitung im Ortsteil Schlutup, einem alten Fischerdorf an der Trave, haben diesem zum Beinamen *Bad Rollmopshausen* verholfen. Unmittelbar an Lübeck grenzt übrigens die Marmeladenstadt Bad Schwartau.
Dort wo die Trave in die Ostsee mündet liegt das 1887 gegründete Travemünde. Travemünde wurde 1913 nach Lübeck eingemeindet und gilt heute als ‚schönste Tochter' der Hansestadt. 1911, zwei Jahre vor der Eingemeindung, wurde in Travemünde mit dem Bau eines neuen Bahnhofsgebäudes begonnen, dessen Turm die Aufschrift ‚Abfahrtzeit der Züge nach Lübeck' trägt. Als der Turm fertig gebaut war, war Travemünde jedoch selbst Teil Lübecks geworden. Neuer ist der als *Stadt der kurzen Wege* geplante Hochschulstadtteil.
Manche glauben, der Name des Lübecker Stadtteils Buntekuh ginge auf das Schiff *Bunte Kuh* zurück, das einst den Angriff gegen den Piraten Klaus Störtebeker führte. Der Name leitet sich jedoch vom Hof Buntekuh ab, der einst auf dem Gebiet des Stadtteils lag.

1.3 Nordrhein-Westfalen

Vermischtes zu Stadtteilen in NRW

Wanne-Eickels lateinischer Name

Im Ruhrgebiet gibt es den Witz, Castrop Rauxel wäre die lateinische Version des Ortsnamens Wanne-Eickel (heute ein Stadtteil von Herne). Die englische Version wäre wiederum Kamp-Lintfort.

Gelsenkirchen-Schalke

Wegen des Fußballvereins Schalke 04 dürfte Schalke der einzige Stadtteil in Deutschland sein, welcher bekannter ist als die Stadt, zu welcher er gehört.

Mönchengladbach-Rheydt

Nach der Machtergreifung der Nazis im Jahre 1933 löste der in Rheydt geborene Joseph Goebbels die 1918 erfolgte Eingemeindung nach Mönchengladbach auf. 1975 wurde Rheydt wieder eingemeindet. Der Bahnhof Rheydts behielt allerdings die Bezeichnung Hauptbahnhof (so hat Mönchengladbach zwei Hauptbahnhöfe).

Aachen Rothe Erde

Der Aachener Stadtteil Rothe Erde ist nicht nach der Farbe der Erde benannt, sondern weil die Gegend gerodet war.

Essen- Haarzopf

In Essen gibt es einen Stadtteil namens Haarzopf.

Essen-Steele

Die Bewohner von Essen-Steele nennen sich Steelenser, denn Steeler klänge wie ‚Diebe‘.

<u>Köln</u>

Stadtteile	Spitzname
Kalk	Alk
Rodenkirchen	Villenviertel
Finkenberg	Das Demo
Bocklemünd	Hollymünd
Junkersdorf	Gartenstadt
Marienburg	Gartenstadt
Neustadt-Nord (Teil)	Belgisches Viertel

,Gott schütze mich auf dieser Welt vor Nippes, Kalk und Ehrenfeld.'

Der Kölner Stadtteil Kalk war um 1900 eine blühende Industriestadt. Deindustrialisierung, wachsende Arbeitslosigkeit und ein hoher Migrantenanteil haben Kalk seit den 1970er Jahren den Ruf eines sozialen Brennpunktes eingebracht. Kalk wird mittlerweile als *Alk* verballhornt, eine Haftanstalt im Stadtteil als Kalkatraz. Kalk liegt rechtsrheinisch, also auf der *schäal Sick*, der ,falschen Seite' Kölns. Das multikulturelle Ehrenfeld, in der Redensart mit Nippes und Kalk zusammen erwähnt, gilt mittlerweile jedoch als zunehmend begehrter Stadtteil. Zeitweise galt Ehrenfeld auch als Schwulenviertel - ein Zeichen einer einsetzenden Gentrifizierung. Ehrenfeld erlangte in den letzten Jahren durch ein mittlerweile im Bau befindliches Moscheeprojekt (,Großmoschee') bundesweite Aufmerksamkeit

Nordwestlich von Ehrenfeld ist Bocklemünd zu einem Zentrum der TV-Serienproduktion geworden (,*Verbotene Liebe*'), deshalb der Spitzname *Hollymünd*. Wegen nach belgischen Städten benannten Straßen hat ein Teil der Neustadt-Nord den Spitznamen *Belgisches Viertel*.

Die Neustadt-Süd wird im Volksmund dagegen einfach als *Südstadt* bezeichnet.

Im linksrheinischen Stadtteil Longerich war nach dem Krieg Platz für den Siedlungsbau für eine wachsende Bevölkerung. 1956 kam es als Folge des Ungarnaufstandes zu einer Flüchtlingswelle und Longerich kam zu einer *Ungarnsiedlung*. Für kinderreiche katholische Familien wurden in der neuen Gartenstadt Häuser gebaut- daher der Name *Katholikentagssiedlung*.

Der linksrheinische Stadtteil Zollstock ist von durch Baugenossenschaften errichtete Siedlungen der 1920er und 1950er Jahre geprägt. Da in diesen Siedlungen viele kleine Beamte mit ihren Familien wohnten, wurden sie im Volksmund scherzhaft ‚*Schutzmannshausen*‘ genannt. Angesichts zahlreicher aus Osteuropa kommender Aussiedler und Einwanderer, die sich im Stadtbezirk niedergelassen haben, meinte der Komiker Guido Cantz, Porz wäre die Abkürzung für ‚*Populäres osteuropäisches Reiseziel*.‘

Im Stadtbezirk Porz liegt auch die Hochhaussiedlung Finkenberg. Die Planstadt Finkenberg war in den 1960er Jahren als Demonstrativ-Bauvorhaben des Bundes konzipiert und ab 1972 errichtet worden. Die Finkenberger sagen noch heute zu ihrer Hochhaussiedlung ‚das Demo‘. Mittlerweile ist die Bausubstanz stark degradiert und die Siedlung ein sozialer Brennpunkt geworden.

Die exklusivsten Kölner Viertel sind die ‚Gartenstadt‘ Marienburg im Süden Kölns mit ihren vielen Jugendstilvillen und Hahnwald. Im Frühjahr 2008 sah das Wirtschaftsmagazin Capital Hahnwald, Wohnsitz u.a. von Christoph Daum, Gerhard Richter und Stefan Raab, jedoch als ‚Absteigerviertel‘. Als Gründe wurden Autobahnlärm, Innenstadtferne und fehlende Nahversorgung genannt. ‚*Der einzige Einzelhändler ist der Zigarettenautomat*‘, meinte Capital. Als Aufsteigerviertel wurde hingegen der zentraler gelegene Rheinauhafen gesehen, der modernes Wohnen am Rhein bietet.

Bonn

Stadtteilbewohner	Beiname
Beueler	Wäschplagge
Duisdorfer	Äsele (Esel)
Endenicher	Kappesbuure
Meindorfer, Oberlarer	Sandhasen
Lengsdorfer	Bachkraade

‚Entweder es regnet oder die Bahnschranken sind unten.‘

Im August 1969 wurden die Städte Bad Godesberg und Beuel zu Bonn eingemeindet. Weil hier auf der *schääl Sick*, der ‚schlechten Seite‘ des Rheins, die Wäsche wohlhabender Bonner und Kölner Bürger gewaschen wurde, galt Beuel früher als *Wäschestadt*. Die Beueler haben heute noch den Spitznamen *Wäschplagge*, weil sie sich mit dem Waschen abplagten, um diese mit einem ‚Beueler Duft‘ zu versehen. Im noblen Bad Godesberg residierten dagegen die Vertreter fremder Staaten, Bad Godesberg galt deshalb nach dem Zweiten Weltkrieg als *Diplomatenstadt*. Heute haben sich hier viele arabische Migranten niedergelassen und manchem gilt es als unsicheres Viertel. Little Marokko und NoGO (statt BO(nn)GO(desberg) sind deshalb neuere Spitznamen.
Der westliche Stadtteil Duisdorf hat keinen Beinamen, wohl aber dessen Bewohner, die Äsele (Esel) genannt werden. Denn einst mussten die Duisdorfer ihr Getreide nach Lessenich bringen, wo es einen Bach und eine Mühle gab. Transportiert wurde das Getreide auf dem Rücken von Eseln und wenn die Duisdorfer mittags mit diesen zurückliefen, riefen die Bauern *‚Et ees Middach, dei Äsele kumme‘*. Nicht nur Lessenich, auch Lengsdorf hatte einen Bach (der früher noch nicht verrohrt und unter die Erde gelegt war) und nur wer mit dessen Wasser in Berührung gekommen war, galt als echter Lengsdorfer. Die Lengsdorfer heißen deshalb *Bachkraade* (Bachkröte).

Düsseldorf

Stadtteile	Beiname
Hamm	Kappes (Kohl)-Hamm
Friedrichstadt	Walachei (einst)
Bilk	zufriedener Süden
Altstadt	Längste Theke der Welt
Oberkassel	Schönster Vorort der Welt

‚In Eller stirbste schneller.'

Früher bezog sich der Spruch auf durch Industrie ungesundes Wohnumfeld, dann wurde er angeblich durch Problemjugendliche bestätigt und schließlich traten die ersten drei Schweinegrippefälle in Düsseldorf ebenfalls in Eller auf. Die Bewohner von Eller kontern mit:
‚und in Wersten, sterben die Ersten.'
Der Stadtteil Wersten liegt südöstlich von Eller.
Näher an der Innenstadt liegt der Stadtteil Friedrichstadt. Dieser wurde 1852 nach dem preußischen König Friedrich Wilhelm IV. benannt und Mitte des 19. Jahrhunderts planmäßig in schachbrettartigem Grundriss angelegt. Anfangs galt der Stadtteil noch als innenstadtfern und hatte im Volksmund den Spitznamen ‚Walachei'.
Die einst dicht besiedelte Altstadt beherbergt heute Dienstleistungen und viele gastronomische Betriebe. Wegen ihrer vielen Kneipen hat sie den Spitznamen *‚längste Theke der Welt'*. Der Altstadt gegenüber auf der anderen Seite des Rheines liegt der gehobene Stadtteil Oberkassel. Obwohl noch zu Düsseldorf gehörend, wurde Oberkassel bereits als *‚schönster Vorort der Welt'* bezeichnet. Düsseldorf grenzt übrigens an das Ruhrgebiet, gehört aber nicht mehr dazu. Wegen seiner vielen Büros sieht sich Düsseldorf jedoch als *‚Schreibtisch des Ruhrgebietes'*. Wegen der vielen Japaner, welche in der Stadt leben, wird Düsseldorf auch als Klein-Tokio bezeichnet.

Wuppertal

Stadtteile und -viertel	Spitzname
Elberfeld	Stadt der 80 Sekten (einst)
Ronsdorf	Stadt der Bänder (einst)
Elberfelder Nordstadt	Ölberg (Teilgebiet)
Wichlinghausen	Dat Dorp (das Dorf)

‚In Barmen, da wohnen die Armen, doch in Elberfeld, hat jeder Geld.‘

Angesichts leerer städtischer Kassen trifft heute die Barmer Replik zu *‚In Barmen wohnen die Armen und in Elberfeld, die hab'n auch kein Geld‘*.

Dabei war der Raum Wuppertal früher sehr gewerbereich und Elberfeld, wie die Villen im Zooviertel zeigen, einst eine wohlhabende Stadt.

Die Faltblattsammlung *Fäden, Farben, Wassser, Dampf - Das Industrie-Zeitalter in Wuppertal* gibt dazu ein Zitat des Reiseschriftstellers Kurt Baedeker aus dem Jahr 1835 wieder:

Mit Ausnahme einiger englischer Städte mag es vielleicht keinen Raum der Erde geben, auf dem so bedeutende Fabriken und Manufakturen, so viel Gewerbefleiß, ein so bedeutender Handel und eine solche Menschenzahl zusammengedrängt sich findet, als im Wupperthale.

Am 1. August 1929 wurden Barmen, Elberfeld sowie Ronsdorf, Cronenberg und Vohwinkel zur Stadt Barmen-Elberfeld zusammengefasst. 1930 wurde die Stadt nach einer Volksabstimmung in Wuppertal umbenannt.

Die Wupper wurde einst als ‚fleißigster Fluss Europas‘ bezeichnet, da sie Wasserräder antrieb, Garne und Tuche bleichte, Anlagen kühlte und Abwässer aufnahm (es ging also nichts über die Wupper). Der Raum Wuppertal war lange eine Textilregion und führend in der Produktion von Bändern. Der Ortsteil Ronsdorf hatte einst den

Beinamen *Stadt der Bänder*. Wuppertal war lange die deutsche Schuhbändelhauptstadt und hier wurde zudem der Reißverschluss erfunden.

Während in Köln lange Zeit nur Katholiken wohnen durften, war der Raum Wuppertal, seit der Reformation protestantisch, religiös tolerant. Hier wohnten auch zahlreiche Katholiken. Im 18. Jahrhundert entstanden zahlreiche Freikirchen und Sekten, so etwa der Mennoniten, Quäker und Adventisten. Elberfeld kam so zum Beinamen *Stadt der 80 Sekten*. Der Schriftsteller Günter Grass meinte einmal sogar, die Schwebebahn diene dazu die vielen Wuppertaler Sekten miteinander zu verbinden.

In Elberfeld gab es einst große soziale Gegensätze. Während das bürgerliche Briller Viertel längst Elektrizität hatte, mussten die Bewohner einer dicht besiedelten Anhöhe im Norden von Elberfeld ihre kleinen Wohnungen mit Öl- und Gaslampen erleuchten. Hausbetriebe der Weberfamilien arbeiteten im Funzellicht bis in die Nacht hinein. Das Lichtermeer auf der Höhe gab dem um 1900 entstandenen Arbeiterviertel den Beinamen *Ölberg* (manche sagten auch *Petroleumsviertel*) und so heißt es inoffiziell noch heute.

Barmen hat keinen besonderen Beinamen, ist allerdings als Geburtsort von Friedrich Engels (1820-1895) und durch die *Barmer Ersatzkasse* bekannt.

Einst waren auch die *Barmer Artikel* ein Begriff. Damit wurden seit dem 18. Jahrhundert Kurzwaren wie Bänder, Kordeln und Litzen aus Barmen bezeichnet, die zeitweise sogar den Weltmarkt beherrschten.

Zu Barmen gibt es folgende Anekdote: als Kaiser Wilhelm nach Elberfeld reiste, um die neu erbaute Schwebebahn einzuweihen, fragte seine Gemahlin am Bahnhof ankommend, was eigentlich das HB in der Stationsbezeichnung Elberfeld bedeuten würde. Wilhelm antwortete *Hinter Barmen*.

Münster

Viertel/Stadtteil	Beiname
Herz-Jesu-Viertel	Klein-Muffi Mochum
Kuhviertel	Ganovenviertel (früher)
Pluggendorf	Millionenviertel

"Tasche, Brink und Ribbergasse, Messerstecher erster Klasse."

Über den *Schreibtisch des Münsterlandes*, auch *Fahrradhauptstadt Deutschlands* genannt, sagt man ‚*In Münster regnet es oder die Glocken läuten, fällt beides zusammen ist Sonntag*'. Münster ist auch Studentenstadt. Als Studentenkneipenviertel in der Innenstadt gilt das ‚Kuhviertel'. Vor dem 2. Weltkrieg gehörten zum Viertel noch die Straßen Tasche, Brink und Ribbergasse dazu, die als Ganovenviertel verschrien waren (siehe Spruch oben). Diese Straßenzüge wurden im Krieg zerstört.
Unweit des Kuhviertels findet sich zwischen Bahnhof und Kanal das Herz-Jesu-Viertel. Im 19. Jahrhundert ließen sich hier niederländische Kanalarbeiter nieder, die beim Bau des Dortmund-Ems-Kanals und des Stadthafens beschäftigt waren. Die Niederländer sagen zu den Deutschen Moffen, sie selbst wurden in Münster angeblich Muffen genannt, was den Beinamen *Klein-Muffi* für das Herz-Jesu-Viertel erklären würde. Wahrscheinlicher ist jedoch, dass sich der Spitzname von muffen (übel riechen) ableitet. Muffen ist ein Wort der lokalen Sprache Masematte, ein regionaler Dialekt der Gaunersprache Rottwelsch, die wiederum auch jiddische Ausdrücke enthält. So wird das Herz-Jesu-Viertel auch Mochum genannt. Mokum heißt im Jiddischen Stadt und ist auch ein Spitzname Amsterdams.

Krefeld

Stadtteile	Beiname
Elfrath	Größte Einbahnstraße der Welt
Uerdingen	Oeding

‚Oeding blievt Oeding (Uerdingen bleibt Uerdingen)‘

Das niederrheinische Krefeld war einst für seine Seidenstoffproduktion bekannt und galt als *Samt- und Seidenstadt*. Mit kostbaren Stoffen aus Krefeld kleideten sich einst Napoleon und Friedrich II. ein. Heute ist Krefeld noch eine Krawattenstadt, aus der zwei Drittel der in Deutschland produzierten Binder stammen. Nach einem Niedergang der Textilindustrie ist Krefeld heute jedoch eher von der Chemieindustrie geprägt. Hierbei ist vor allem das Bayer-Werk im Stadtteil Uerdingen von Bedeutung. Uerdingen, das seit 1255 Stadtrecht besaß, wurde 1929 mit Krefeld zu Krefeld-Uerdingen verschmolzen. Ab 1940 hieß die Gesamtstadt dann Krefeld.

Bis 1975 hatte Uerdingen sogar noch einen Sonderstatus mit besonderen Rechten. Noch heute betonen viele Uerdinger ihre Eigenständigkeit, gemäß dem Wahlspruch *‚Oeding blievt Oeding‘* (Uerdingen bleibt Uerdingen). Bis Mitte der 1990er Jahre war Fußballfans durch den Bundesligaverein Bayer Uerdingen der Stadtteil bekannter als die Gesamtstadt. Schienenverkehrsfreunde kennen wiederum den einst in der Stadt produzierten *Uerdinger Schienenbus*, Spirituosentrinker den Wacholderschnaps *Uerdinge*r und Sprachforscher die *Uerdinger Linie* (Ik-Ech-Linie).

Elfrath ist eine zwischen 1967 und 1974 erbaute Siedlung am Stadtrand von Krefeld. Heute liegt sie eingeklemmt in einem nach Norden unpassierbaren Dreieck zwischen Autobahn und Bundesstraße und hat deshalb den Spitznamen *‚größte Einbahnstraße der Welt‘*.

Stadtteil	Beiname
Duisburg-Serm	Kappes-Serm Wirsing City
Duisburg- Teil von Marxloh	Stehkragenviertel
Witten-Rüdinghausen	Mellmausland
Gelsenkirchen-Schalke	Herne-West
Gelsenkirchen Rhein-Herne-K.	Schweinebucht
Bergarbeitersiedlungen	
Wanne-Eickel, Glückaufstraße	Hühnerleiter
Bergkamen-Schachtstraße	D-Zug-Siedlung
Bochum-Dahlhausener Heide	Kappeskolonie

‚Auf die Ruhr ist man stolz, am Kanal ist man zu Hause.‘

Durch das Ruhrgebiet verläuft die Grenze zwischen dem Rheinland und Westfalen. Essen, *‚Schreibtisch des Ruhrgebietes‘* genannt, gehört noch zum Rheinland, Bochum schon zu Westfalen. Beide Gebiete verbindet die A40, Ruhrschnellweg (oder auch Ruhrschleichweg bzw. Ruhrstauweg) genannt. Die alteingesessenen Bewohner des westfälischen Teils des Ruhrgebietes werden übrigens auch Pohlbürger genannt. Zudem verläuft eine Sprachgrenze, die ‚Wollgrenze‘ durch das Ruhrgebiet. Ab Bochum-Langendreer ostwärts ist die Dialekteinfärbung auch vom Sauerländischen geprägt (‚Woll‘). Auch eine Nord-Süd-Teilung gibt es. Im Norden liegen die einfacheren Viertel, im Süden die wohlhabenderen. *Auf die Ruhr ist man stolz, am Kanal* (der Rhein-Herne-Kanal wird auch Kumpelriviera genannt) *ist man zu Hause,* sagt man im Ruhrgebiet. Weiter im Osten des Reviers, wo Städte nicht mehr an die Ruhr grenzen, ist die Bevorzugung des Südens weniger eindeutig. In Hamm, der östlichsten Stadt des Ruhrgebietes, sagt man ‚*Im Westen wohnen die Besten, im Osten muss es was kosten, im Süden wohnen die Müden und im Norden, ja da wohnen die wilden Horden.‘* Der Norden Hamms gehört bereits zum katholischen Münsterland, während der Süden der Stadt Teil der protestantischen Mark ist. Das Ruhrgebiet wird auch *Pott* bzw. *Kohlenpott* genannt. In den 1990er Jahren wurde der Marketingspruch kreiert *,Der Pott kocht'*. Interessanterweise hat bereits die westfälische Schriftstellerin Anette von Droste-Hülshoff (1797-1848) die Gedichtzeile geschrieben

,Der Anger dampft, es kocht die Ruhr..'

Wegen seiner Stahlindustrie wurde das Ruhrgebiet einst auch *Land der tausend Feuer* genannt (und Gelsenkirchen *Stadt der tausend Feuer,* heute wird die Stadt spöttisch *Land der tausend Gefeuerten genannt*). Die Industrie färbte den Himmel schwarz. Willy Brandt forderte deshalb 1961 im Wahlkampf *,Der Himmel über der Ruhr muss wieder blau werden'*.

Der grüne Duisburger Stadtteil Serm wird übrigens Kappes-Serm genannt, oder, moderner, *,Wirsing-City'*.

Fußball spielt im Ruhrgebiet, auch *Land der tausend Derbys* genannt, für die lokale Identität eine wichtige Rolle. Die erfolgreichsten Vereine und zugleich größten Rivalen sind dabei Borussia Dortmund und Schalke 04 (Gelsenkirchen). Anhänger von Dortmund nennen Schalke auch *Schlacke* oder sagen, um den Namen des Rivalens nicht aussprechen zu müssen *,Herne-West'*. Die Schalke-Fans kontern, indem sie Dortmund *Lüdenscheid-Nord* (bzw. *Doofmund*) nennen.

Im einst von der Montanindustrie geprägten Ruhrgebiet haben etliche Bergarbeitersiedlungen Beinamen.

Wegen der sprossenartigen Anordnung der Straßen hat die Bergarbeitersiedlung zwischen Glückauf- und Hüttenstraße in Wanne-Eickel (Herne) den Spitznamen *,Hühnerleiter'*. In Bergkamen-Rünthe hat eine Zechensiedlung wegen der wie Eisenbahnwaggons gleichförmigen nebeneinander aufgereihten Häuser den Spitznamen *,D-Zug-Siedlung'* bekommen'.

Essen

Stadtteile	Beiname/Spitzname
Kettwig	Perle an der Ruhr, Gartenstadt
Werden	Perle an der Ruhr
Karnap	Karl Nappo
Katernberg	Monte Caterno
Stoppenberg	Korkenhügel, Monte Stoppeno
Segeroth	Wilder Norden
Überruhr	Land der aufgehenden Sonne
Vogelheim	Das Dorf

‚Als Gott das Ruhrgebiet erschaffen hatte, sagte er am Ende: Essen ist fertig.'

Als Sitz von Firmenzentralen gilt Essen (neben Düsseldorf) auch als *Schreibtisch des Ruhrgebietes*. Wegen seiner Bürohochhäuser am Bahnhof wird Essen auch *Ruhrhattan* genannt. Früher galt die Stadt als *Anthrazit (Feinkohle)-Metropole* Europas.

Wie im Ruhrgebiet insgesamt gibt es auch in Essen ein Süd-Nord-Gefälle. Segeroth gilt als ‚wilder Norden'. Im landschaftlich reizvollen Süden liegen mit Werden und Kettwig zwei ‚Perlen an der Ruhr'. Der Baldeneysee im Süden gilt zudem als *blaue Perle an der Ruhr*. Südlich der Ruhr, aus Rellinghauser Sicht sogar östlich des Flusses, liegt Überruhr, das deshalb dort *Land der aufgehenden Sonne* genannt wird.

Was andere Stadtviertel betrifft, beweist man in Essen Humor. Der Ortsteil Stoppenberg wird auch *Korkenhügel* genannt bzw. *Monte Stoppeno* und auf die Scherzfrage nach einem Stadtteil mit zwölf Beinen wird in Essen mit Kupferdreh (KuhPferdReh) geantwortet. Zu den Siedlungen mit originellen Beinamen gehört die *Blutwurstkolonie* (wegen der roten Backsteine) in Essen-Borbeck oder das ‚*Königreich Beisen*', eine Kolonie im Ortsteil Katernberg (auch *Monte Caterno* genannt).

Mülheim

Stadtteile	Beiname
Dümpten	Königreich Dümpten
Mintard	Perle des Ruhrtales Kaiserreich Mintard

‚Wir im Königreich Dümpten‘.

Außerhalb des Ruhrgebietes relativ unbekannt, hat Mülheim den Beinamen *‚Stadt der Milliardäre‘.* Denn zahlreiche Firmenpatriarchen stehen mit der Stadt in Verbindung, so der in Mülheim geborene und heute in der Schweiz lebende Metro-Gründer Otto Beisheim. Die Tengelmann-Eigentümerfamilie Schmitz-Scholl kommt ebenfalls aus Mülheim (dort hat die Tengelmann-Holding auch ihren Hauptsitz). Auch zu den in Essen lebenden Aldi-Brüdern gibt es eine Verbindung, der Hauptsitz von Aldi Süd befindet sich in Mülheim. Aber Mülheim hat, zumindest was die Beinamen betrifft, auch blaues Blut zu bieten. Das zu Mülheim gehörende Dorf Mintard, die *‚Perle des Ruhrgebiets‘,* wird im Volksmund auch *Kaiserreich Mintard* genannt. Denn nach seiner Kaiserkrönung im Jahre 800 in Rom wohnte Karl der Große gelegentlich auch in seinem Gut Schloss Hugenpoet (heute im Essener Stadtteil Kettwig gelegen). Als er eines Tages zum Schloss ritt, soll er, nach einer örtlichen Legende, auf der Höhe des Mintarder Berges auf das Ruhrtal geblickt und ausgerufen haben: *‚Nun siehe an, mein wunderschönes Mintard‘.*

Wenn es schon im Süden ein Kaiserreich gibt, will man sich auch im Norden der Stadt nicht lumpen lassen. Der Stadtteil Dümpten nennt sich deshalb *Königreich Dümpten.* Auf der Webseite (www.dümpten.de) des Stadtteils sind gleich 6 Kronen zu sehen. Die *‚Erste Königliche Suchmaschine zu Dümpten-Anno 2009‘* hilft beim Navigieren, auf der *Wir im Königreich*-Homepage.

Bochum

Stadtteile	Beiname
Dahlhausen	Das Stiepel der kleinen Leute
Hustadt	H-Town
Langendreer	LA
Riemke	Riemeck
Stiepel	Königreich
Wegescheid-Viertel	Speckschweiz

‚Du bist keine Schönheit,
vor Arbeit ganz grau!
Liebst dich ohne Schminke;
bist'ne ehrliche Haut
leider total verbaut,
aber gerade das macht dich aus.

Herbert Grönemeyer, Songtext ‚Bochum‘

Tief im Westen, wo die Sonne verstaubt. Ist es besser, viel besser, als man glaubt! sang Herbert Grönemeyer 1984 über Bochum. In der einstigen ‚*Staublungenperle des Ruhrgebietes*‘ gibt es auch mehr Stadtteil- und Siedlungsbeinamen, als man glaubt. Denn nirgends sonst in Europa gab es so viele Kohlengruben wie im *Kohlengräberland* in der Mitte des Ruhrgebietes, entsprechend viele Bergmannssiedlungen entstanden. Diese heißen etwa *Seemannssiedlung* (wegen vieler Straßennamen aus der deutschen Seegeschichte) oder Bindfadensiedlung (wegen Straßennamen aus dem Bergbau, die mit Fäden und Stricken zu tun haben) oder Negerdorf (weil Bergleute ungewaschen nach Hause kamen). Die relativ grüne Siedlung Bochum-Dahlhausener Heide wird *Kappskolonie* genannt. Kapps ist das örtliche Wort für Kohl. Zudem gibt es eine *Marmeladensiedlung* (Straßen mit Namen verschiedener Beeren), eine *Papageiensiedlung* (Arbeitersiedlung mit kunterbunt gestrichenen Häusern) und eine *D-Zug-Siedlung* (identische, aufgereihte Häuser). Die Arbeitersiedlung Dänemark (zwischen Hiltroper und Bergener Straße) hat nichts mit dem gleichnamigen Land zu tun. Sie hieß so, weil die kurz vor dem Zweiten Weltkrieg errichteten Arbeiterhäuser mit Darlehen und Hypotheken so stark belastet waren, so dass es am Zahltag hieß, *Den ne Mark und den noch ne Mark'*. Die *Herz-Jesu-Siedlung* in Hiltrup-Bergen kam zu ihrem Namen, weil hier einst *‚der Heiland rein und raus fuhr'*. Damit waren die LKWs des Bochumer Möbelgeschäftes *Heiland* gemeint, die hier viele Familien mit Möbeln belieferten.

Der an der Ruhr im Süden Bochums idyllisch gelegene Ortsteil Stiepel wurde einst von den Adligen vom heute zu Hattingen gehörenden Wasserschlosses Haus Kemnade aus regiert. Diese speziellen Herrschaftsverhältnisse führten später zum heute noch genutzten Beinamen *‚Königreich'* für Stiepel. Der ebenfalls im Süden Bochums gelegene Stadtteil Dahlhausen wiederum wird auch *‚Stiepel der kleinen Leute'* genannt.

Originelle Beinamen, die sich auf die Innenstadt beziehen, sind *Speckschweiz* für das Wegescheid-Viertel oder *Bermudadreieck* für einen kneipenreichen Teil der City.

Bochums bekanntester Ortsteil ist Wattenscheid mit seinen 80 000 Einwohnern, bis zu seiner Eingemeindung im Jahr 1975 eine eigenständige Stadt. Der dort ansässige Textilunternehmer Klaus Steilmann (1929-2009), lange Präsident des Fußballvereins Wattenscheid 09, protestierte gegen die Eingemeindung, indem er erst noch mit Wattenscheider Kennzeichen fuhr und sein Auto später mit Essener Kennzeichen zuließ.

☞ James Bond ist übrigens in Wattenscheid geboren, zumindest steht es so im Roman von Ian Fleming.

Dortmund

Stadtteile, Siedlungen	Beiname
Aplerbeck	Afaldrabechi
Bodelschwingh	Bordellschwing
Dortmund-West	Westend
Lütgendortmund	Lüdo
Dortmund-Dorstfeld, Tremonia	Negerdorf

‚Im Westen wohnen die Besten, im Osten die Posten, im Süden die Müden, im Norden die Horden.‘

Früher hieß es in Dortmund auch, *‚Im Norden geht die Sonne auf‘* denn im Norden der Stadt verdienten Spekulanten am Bau von Mietskasernen für die wachsende Arbeiterschaft. So galt bald *‚im Norden wohnen die Horden‘*. Heute ist der Norden ein Stadtteil mit hohem Migrantenanteil. Der Stadtteil Aplerbeck wird gleich mehrfach verballhornt, etwa zu *Afaldrabechi* oder *Applebeach*. Wegen des dort beheimateten Zentrums für Psychiatrie sagt man auch ‘*Hasse eine Macke weg, kommsse hin nach Aplerbeck‘*.

In Dortmund-Dorstfeld gab es in der Zeche Tremon einst keine Waschkauben für die Bergarbeiter, so dass diese kohlenstaubschwarz nach Hause in ihre Siedlung gehen mussten. Deshalb der Spitzname *Negerdorf* für die Zechensiedlung Tremonia. Kohle wird in Dortmund jedoch schon lange nicht mehr abgebaut und mittlerweile wurde die Stadt bereits mehrfach vom Strukturwandel gebeutelt: nach der Kohle verschwand die Stahlindustrie und schließlich ging es auch mit der Bierproduktion in Deutschlands einstiger Bierhauptstadt bergab. Der Strukturwandel verhalf Dortmund sogar zu einer ‚verbotenen Stadt‘. So wurde die Kokerei Hansa nach ihrer Stilllegung genannt. Immerhin wurde der einst industrieverdreckte Stadtteil Hörde nach Werksschließungen seinen schmutzigen Beinamen *‚Arschloch von Westfalen‘* los.

Hagen

Stadtteile	Beiname
Hohenlimburg	Westfälisches Heidelberg (einst)
Wehringhausen	Wehr-dich-Hausen

‚10 Jahre Hohenlimburg, davon 5 vor Schranken.‘

So hieß es lange wegen einer Bahnlinie, die den Ort zerschnitt. Anfang des 19. Jahrhunderts hatte man auf Hohenlimburg einen so genannten *‚Heidelbergblick‘*: die steinerne Lennebrücke im Vordergrund, der sich am Fluss ausbreitende Ort, dahinter der bewaldete Schlossberg. So wurde Hohenlimburg auch als *‚westfälisches Heidelberg‘* bezeichnet. Zahlreiche Kunstmaler kamen hierher, um die Szenerie festzuhalten. Doch bald setzte die Industrialisierung ein. Textilfabriken, Drahtgewebeherstellung und vor allem die Kaltwalzindustrie (Hohenlimburg gilt als *‚Wiege der Kaltwalzindustrie‘*) breiteten sich aus und zahlreiche Schornsteine beeinträchtigten das vorher idyllische Stadtbild. Anfang der 1970er Jahre setzte eine wirtschaftliche Strukturkrise ein, die zu einer hohen Verschuldung der damals zum Kreis Iserlohn gehörenden Stadt führte. 1975 führte die große Gebietsreform in Nordrhein-Westfalen, gegen den Willen eines großen Teils der Bevölkerung, zur Eingemeindung Hohenlimburgs in die benachbarte Großstadt Hagen. Noch heute gibt es Bemühungen, die Selbstständigkeit wieder zu erlangen. Zu Hohenlimburg würde deshalb die Verballhornung des Namens des Hagener Stadtteils Wehringhausen (von dort kommen die Bandmitglieder von *Extrabreit*) passen: *Wehr-dich-Hausen.* Auf Hagen ist man in Hohenlimburg noch heute nicht gut zu sprechen, man sagt dort *‚Hagen ist an allem Schuld‘*.

☞ In Internetforen zu seltsamen Ortsnamen wird manchmal ein Hagener Stadtteil namens Bauklo aufgeführt. Doch der heißt in Wirklichkeit Baukloh.

Mainz-Amöneburg, Kastel, Kostheim

Trier-Ehrang, Pfalzel, Biewer

Im Norden Triers liegen links der Mosel die Stadtteile Ehrang, Pfalzel und Biewer. In Trier unterscheidet man zwischen diesen nicht groß und sagt *‚Ehrang, Palz unn Biewa, alles ahn Kaliewer‘*.

Darmstadt-Wixhausen

Auf Listen anzüglicher Ortsnamen taucht gelegentlich der Darmstädter Ortsteil Wixhausen auf.

Kassel-Wehlheiden

In Kassel gibt es einen Stadtteil, der mit einem h weniger Wehleiden heißen würde.

Baunatal

Baunatal bei Kassel ist erstaunlich reich an Necknamen für Stadtteilbewohner. Die Bewohner von Baunatal-Altenritte werden Kuckucke genannt, die Altenbaunaer Stoppen (die Kurzen), die Kirchbaunaer Schwarzmacher, die Großenritter Schmandhasen, die Hertingshäuser Wolkenschieber bzw. Schneeschipper, die Rengershauser Seckbächer, die Guntershäuser, weil dort einst viele bei der Bahn beschäftigt waren, die Beamten.

Oggersheim

Altkanzler Helmut Kohl bewohnt einen Bungalow im Ludwigshafener Stadtteil Oggersheim. Manchmal wird nur vom `Oggersheimer´ geredet, und die meisten wissen, wer gemeint ist.

Frankfurt

Stadtteile	Spitzname
Bornheim	Lustiges Dorf
Gallusviertel	Kamerun
Heddernheim	Klaa Paris (Klein-Paris)
Sachsenhausen	Dribb de Bach
Westend	Wilder Westen (1970er)
Siedlungen	
Bruchfeldtr. (Niederrad)	Zickzackhausen

‚Hibbdebach und Dribbdebach'

Frankfurt ist eher arm an Stadtteilbeinamen. Der nördlich des Hauptbahnhofes gelegene Stadtteil Gallus hat jedoch einen originellen Spitznamen. Das Gallus (Namensgeber war die Galluswarte - eigentlich *Galgenwarte*) wird seit Ende des 19. Jahrhunderts auch als *Kamerun* bezeichnet. Die Gründe sind nicht überliefert. So spekuliert man, dass der Spitzname mit rußgeschwärzten Arbeitergesichtern oder der damals relativen Abgelegenheit des Viertels zusammenhing (Kamerun war damals eine deutsche Kolonie). Östlich vom Gallus liegt das Westend. Als sich tertiäre Innenstadtfunktionen in den 1960er Jahren in dieses gutbürgerliche Viertel ausbreiteten und zu Umnutzung und Abriss von Wohnhäusern führten, wehrte sich das dort ansässige Bürgertum mit einer der frühesten Bürgerinitiativen in Deutschland. Da die Universität nahe lag, waren bald Studenten beteiligt und es kam zum *Frankfurter Häuserkampf*, an dem auch der damals noch junge Joschka Fischer beteiligt war. Das Westend wurde so als *Wilder Westen* bezeichnet.

Die vom bekannten Stadtplaner Ernst May im Rahmen des Projektes *Neues Frankfurt* in den 1920er Jahren angelegte Siedlung Bruchfeldstrasse im Frankfurter Stadtteil Niederrad wird wegen eines sägezahnförmigen

Blocks mit vorspringenden Gebäudekanten auch *Zickzackhausen* genannt. Niederrad liegt südlich des Mains, also ‚*dribb de Bach*‘ (bzw. dribbdebach), also wie Sachsenhausen drüben auf der anderen ‚Bachseite‘.

Bornheim, heute ein nördlicher Stadtteil Frankfurts gilt wiederum bereits seit Jahrhunderten als ‚*lustiges Dorf*‘, als Ort ‚derber Vergnügungen‘, mit Appelweinschenken mit Damenbedienung, also Wein, Weib und Gesang. Noch heute gibt es in Bornheim viele Wirtschaften und die *Bernemer Kerb*, die Bornheimer Kirmes ist immer noch viel besucht.

Lustig geht es auch in Heddernheim zu, Hochburg der Frankfurter Fasnacht. Als nach 1866 Frankfurt von den Preußen in Besitz genommen wurde und Ernsthaftigkeit in die Stadt einzog, wurde die Parole ausgegeben ‚*Wenn ihr mal richtig feiern wollt, dann geht nach Heddernheim. Hier ist die Luft freier, die Leute leichtherziger, fröhlicher, hier ist es wie in Paris*‘. So kam der Spitzname *Klaa Paris* auf, auch für die Karnevalsgesellschaft, dabei ist Paris gar keine Karnevalsstadt.

Der im Nordwesten gelegene Stadtteil Rödelheim wird selten (und nicht von Frankfurtern) als *Blödelheim* verballhornt. Westlich von Rödelheim liegt Sossenheim. Der Karikaturist Chlodwig Poth (1930-2004), der in diesem Stadtteil lebte, veröffentlichte von 1990-2004 allmonatlich in der Satirezeitschrift Titanic die Zeichnungsreihe ‚*Last Exit Sossenheim*‘, deren Titel wiederum vom 1989 erschienenen Film ‚*Last Exit to Brooklyn*‘ (letzte Ausfahrt Brooklyn) der deutschen Filmemacher Bernd Eichinger und Uli Edel inspiriert war.

Ein weiterer Frankfurter Stadtteil, welcher durch einen Künstler bekannter gemacht wurde, ist Praunheim. Der 1942 in Riga geborene und als Jugendlicher in Praunheim aufgewachsene Filmregisseur Holger Mischwitzky nannte sich seit den 1960er Jahren Rosa von Praunheim.

<u>Kassel</u>

Stadtteile	**Spitzname der Bewohner**
Bettenhausen	Sackstopfer
Harleshausen	Ossen (Ochsen)
Kirchditmold	Ziegenböcke
Niederzwehren	Bratwürste
Nordshausen	Steinewerfer
Rothenditmold	Pääre Schwänze (Pferdeschwänze)
Wehlheiden	Waren Rungen (Wagenrungen)
Wahlershausen	Kuhschwänze
Waldau	Enten
Wolfsanger	Spanschlauch Biedel

‚Wehlheider Jungen, viel besungen, sind und bleiben Wagenrungen.'

Die Documenta-Stadt Kassel ist arm an Stadtteilspitznamen. Seit in den 1970er Jahren etliche Umlandorte eingemeindet worden sind, hat Kassel jedoch zumindest etliche Stadtteile, deren Einwohner aufgrund wahrer und erfundener Geschichten Spitznamen aufweisen.

Die Wehlheider galten einst als wehrhaft und rauflustig. Auf einer Kirmes in Wehlheiden, einst ein Fuhrwerkort, soll ein Besucher einst mit einer Wagenrunge erschlagen worden sein. Daraufhin wurde angeordnet, die Wagenrungen (auf Achsen von Fuhrwerken aufzusteckende Stangen) vor jeder Kirmes zu polstern.

Die Bewohner vom an den Fuldaauen gelegenen Stadtteil Waldau werden naheliegenderweise *Enten* genannt. In Waldau gibt es ein Gasthaus namens Entenstadl und eine jährliche Enten-Kirmes im Oktober.

Die Bewohner Wolfsangers werden *Spanschlauchbiedel* bzw. *Banschlauchbiedel* genannt, weil es hier viele Gärtner gibt, die unter anderem Spanisch Lauch anbauen.

<u>Darmstadt</u>

Stadtteil	**Spitzname**
Eberstadt	Ewwerscht
Mainzer Str.	Moscheeviertel
Martinsviertel	Watzeviertel
Paulusviertel	Tintenviertel
Westl. Innenstadt	Mollerstadt

‚Gehen se nach Drahse? –Eher wie net.‘

Das obige Zitat stammt aus dem ‚Datterich‘ eine Darmstädter Mundart-Lokalposse aus dem Jahr 1841 (Autor: Ernst Elias Niebergall). Der Datterich, ein schlitzohriger Schnorrer, der wegen seiner Trinksucht seinen Beamtenjob verloren hat, äußert sich dabei über so manches in der Stadt. Traisa (‚Drahse‘) ist ein Ortsteil der Nachbargemeinde Mühltal. Zu Datterichs Zeiten war Darmstadt Residenzstadt. Anfang des 20. Jahrhunderts wohnten im Paulusviertel des Ortsteils Bessungen viele höhere Beamte, aber auch Gelehrte. Beide übten Schreibberufe aus, daher der Spitzname ‚Tintenviertel‘. Heute gibt es wieder mehr Gelehrte in der Stadt, Darmstadt gilt als ‚Wissenschaftsstadt‘, und als ‚Softwarestadt‘. Das Martinsviertel nordöstlich der Innenstadt lag einst außerhalb der Stadtmauern. Bauern trieben in der bäuerlichen Siedlung Schweine (‚Watze‘) umher, deshalb die Volksmund-Bezeichnung ‚Watzeviertel‘. Im Zweiten Weltkrieg wurde Darmstadt stark zerstört und das intakte Wiesbaden wurde Hauptstadt Hessens. In der westlichen Innenstadt blieb kaum ein Stein auf dem anderen, nur der 1811 von Georg Moller konzipierte rechtwinklige Straßengrundriss blieb erhalten. Noch heute wird das Stadtviertel Mollerstadt genannt. Ein wachsender Anteil von Migranten bringt neue Entwicklungen, so das *Moscheeviertel* (2 Moscheen) an der Mainzer Straße.

Mainz

Stadtteile	Spitzname
Lerchenberg	Medienberg Jubiläumssiedlung
Hartenberg/Münchfeld	HaMü
Bleichenviertel	Regierungsviertel

`Die Vilzbach is des allerscheenste Verdel,
dort wohne starke Leit.
Des sin so kää, wie die vum Schwarze Verdel,
mer kennt se weit un breit.'

1961 beschloss der Mainzer Stadtrat zur 2000 Jahr-Feier
der Stadt im Jahr 1962 eine Jubiläumssiedlung zu
gründen. Diese wurde später Mainz-Lerchenberg getauft
und eingemeindet. Damals wurde im Staatsvertrag zudem
Mainz als ZDF-Standort festgelegt, das ZDF-Sende-zen-
trum siedelte sich bald darauf auf dem Lerchenberg an.
Später kamen 3sat, ARTE und zeitweise auch SAT 1
dazu. Der Lerchenberg wurde so zum *Medienberg.*
Die Vilzbach galt bis zur Sanierung der Altstadt in den
1970er Jahren als urtümliches Mainzer Altstadtviertel.
Das nahe Domviertel mit seinen vielen Kirchenbedien-
steten galt den Vilzbachern als *`Schwarzes Viertel'.* Die
Vilzbacher hielten sich für die wahren Mainzer, also für
Määnzer. Denn Mainzer heißen in der Stadt die Zugezo-
genen, *Meenzer* die Weggezogenen und *Määnzer* die, die
in Mainz geboren wurden und dort noch leben.
☞: Die rechtsrheinischen Mainzer Stadtteile Amöneburg,
Kastel und Kostheim (*AKK* genannt) kamen nach dem
Krieg zu Wiesbaden und damit zu Hessen. Trotz aller
Bemühungen der Stadt Mainz und seiner verlorenen Ortsteile, eine Rückgliederung zu erreichen, blieben sie bis
heute dort. So gibt es heute drei Wiesbadener Stadtteile,
welche den Namenszusatz *Mainz* tragen.

<u>Saarbrücken</u>

Stadtteile	Spitzname
Herrensohr	Kaltnaggisch
Rastpfuhl	Klein-Moskau
St. Arnual	Daarle, das Dorf in der Stadt

‚In St. Johann arbeiten , in Alt-Saarbrücken wohnen.‘

Am 5. Dezember 1908 wurde aus den Städten Saarbrücken, St. Johann und Malstatt-Burbach die Stadt Saarbrücken gebildet. Weil St. Johann, wo sich heute das kommerzielle Zentrum der Stadt befindet, damals bereits so bedeutend war wie das ältere Saarbrücken (heute Alt-Saarbrücken genannt), soll es angeblich wegen des neuen Namens der vereinten Stadt zu einem Pistolenduell der Bürgermeister von St. Johann und Saarbrücken gekommen sein. Ein solches Duell gab es tatsächlich, aber dabei ging es nicht um den Namen der Stadt, sondern den Standort eines Bezirkskommandos.

Der Saarbrücker Stadtraum ist topographisch stark gegliedert, was zu Stadtteilen mit eigenem Charakter und teilweise speziellen Beinamen geführt hat. So wird 1856 der als Bergmannskolonie angelegte Stadtteil Herrensohr im Volksmund auch als *Kaltnaggisch* bezeichnet. Dies soll damit zusammenhängen, dass die Kolonie auf einer gerodeten Waldfläche angelegt wurde. Der abgeholzte Hügel soll auf die Bewohner der umliegenden Gebiete einen kahlen (kalt) nackten (naggisch) Eindruck gemacht haben. Ein anderer auf einem Höhenzug gelegener Stadtteil ist Bischmisheim. Der Ortsteil wird mit dem zweideutigen Spruch vermarktet *‚Bischmisheim ist auf der Höh.‘* Daarle, der Spitzname von St. Arnual, soll sich wiederum vom Wort Tal ableiten, für die Saarbrücker lag er *‚hinter dem Tal‘*.

Aschaffenburg-Leider

Zum Aschaffenburger Stadtteil *Leider* gibt es folgenden Witz: jemand wird gefragt, wo er wohnt und er sagt *Aschaffenburg (Pause) - Leider.*

Neu-Ulm-Offenhausen

Im Neu-Ulmer Stadtteil Offenhausen gibt es eine Brauerei und zahlreiche Gaststätten. Der Stadtteil wird deshalb auch als *Affenhausen* verballhornt, denn hier kann man sich einen 'Affen' (Rausch) antrinken.

Fürth-Poppenreuth

In Listen anzüglicher Ortsnamen taucht oft der Nürnberger Vorort Feucht auf, manchmal auch Poppenreuth, ein Name, den sich fünf Orte in Bayern teilen, darunter ein Stadtteil Fürths.

Tübingens Grüne Hölle

Bis 1991 waren in der Tübinger Südstadt französische Soldaten stationiert. Nach deren Abzug kaufte die Stadt die Kasernen und entwickelte das Gebiet zu einem ökologischen Vorzeigeviertel, was entsprechende Bewohner anzog. Heute erreicht der Grünwähleranteil hier Rekordwerte, der Stadtteil wird auch als *Grüne Hölle* bezeichnet.

München-Lehel

Zur Herkunft des Namens des Münchner Stadtteil Lehel gibt es verschiedene Erklärungen. Am weitesten hergeholt ist die, wonach der Stadtteil nach dem ungarischen Heeresführer Lehel, der im Jahr 955 bei Regensburg hingerichtet worden ist, benannt wurde. In Budapest gibt es immerhin einen Lehel-Platz (Lehel ter).

<u>Stuttgart</u>

Stadtteile/Siedlungen	Beiname
Raitelsberg	Rio
Weissenhofsiedlung	Schwäbisch Marokko Vorstadt Jerusalems
Knochenhofsiedlung	Holzwurmsiedlung

‚Muffensausen in Zuffenhausen‘

Die Stuttgarter Innenstadt liegt in einem Kessel, wegen der umliegenden Hänge und dem Weinanbau gilt Stuttgart auch als *Stadt zwischen Hängen und Reben.* Spötter machen daraus *‚Stadt zwischen Hängen und Würgen‘.* Denn Kriegszerstörungen und das lange vorherrschende Leitbild einer autogerechten Stadt haben zu vielen unattraktiven Straßenzügen und Plätzen geführt, die erst langsam in ihrer Anmutung verbessert werden. Die Halbhöhenlagen an den Hängen gelten als bevorzugte Wohnlagen. Der Stuttgarter Kabarettist Matthias Richling meinte, *‚von dort schaue man gerne auf die Stadt herab‘.* In Höhenlage liegt auch die von Mies van der Rohe konzipierte, 1927 errichtete Weißenhofsiedlung, zu deren Gebäuden auch ein Le Corbusier-Haus gehört. Die Stuttgarter brauchten jedoch lange, um sich mit dieser damals sehr modernen Architektur anzufreunden. Die weißen Kuben mit ihren Flachdächern erinnerten die Bevölkerung an Architektur des Orients Die Siedlung wurde deshalb erst als *‚Schwäbisch Marokko‘* und *‚Vorstadt Jerusalems‘* verspottet. Ein Gegenentwurf zur Weißenhofsiedlung war die 1933 (nach der Machtergreifung der Nationalsozialisten) von Paul Schmitthenner erbaute traditionalistische Knochenhofsiedlung. Wegen der Holzbauweise hatte diese bald den Spitznamen ‚Holzwurmsiedlung‘.

Das Bohnenviertel, welches im 15. Jahrhundert als erstes außerhalb der Stadtmauer entstand, ist heute ein innerstädtisches Viertel. Dessen Bewohner galten einst als originell und dem guten Leben zugetan. Ihr Spitzname war *Veschperlesmoischter* (Vesper-Meister) und Knackwurschtprivatiers. Auch die Bewohner vieler in der ersten Hälfte des 20. Jahrhunderts nach Stuttgart eingemeindeter Orte haben Beinamen. Die Bad Cannstatter werden *Mondlöscher* genannt. Denn einst sollen angetrunkene Bad Cannstatter auf dem Weg nach Hause, das sich in den Kirchenfenstern spiegelnde Mondlicht für einen Brand gehalten und die Feuerwehr alarmiert haben. Bad Cannstatt, *Wiege von Automobil und Motorrad*, ist älter als Stuttgart und deshalb sagt man dort auch *Stuttgart bei Cannstatt*. Ein Automobilstadtteil (Porsche) ist auch Zuffenhausen. Als Porsche 2009 in die Krise geriet, schrieben die Zeitungen ‚*Muffensausen in Zuffenhausen*‘.

Stadtteilbewohner	Neckname
Bad Cannstatter	Mondlöscher
Botnanger	Kuckuck
Feuerbacher	Talkrabbe
Hedelfinger	Knausbiire
Heumadener	Schnitz
Möhringer	Hexe
Münsterer	Knollebäuch
Obertürkheimer	Feldwanze
Plieninger	Glockedreher
Rohrer	Hutzle
Rotenberger	Käskipper
Sillenbucher	Gerstespitz
Stammheimer	Bachkörb
Untertürkheim	Storchestupfer
Vaihinger	Hope, Hoob
Wangener	Zigeuner, Breschtlingsveredler
Weilimdorfer	Hörnleshase
Zuffenhausener	Spatzefärber, Dreckspatze

Karlsruhe

Stadtteile	Beiname
Dammerstock	Jammerstock (einst)
Grötzingen	Künstlerdorf
Innenstadt-Ost	Dörfle, Klein-Karlsruhe

‚Durlach ist die Mutter Karlsruhes und Grötzingen die Großmutter.‘

Durlach, seit 1938 ein Stadtteil von Karlsruhe, war bereits seit 1565 Residenzstadt. Doch 1715 entstand vor den Toren Durlachs eine neue Residenz - Karlsruhe, Keimzelle der heutigen Großstadt. Das bereits 1196 urkundlich erwähnte Durlach gilt deshalb als *‚Mutter Karlsruhes‘*. Grötzingen, 1974 zu Karlsruhe eingemeindet, wurde sogar bereits 985 urkundlich erwähnt. Es wird deshalb manchmal als *Großmutter Karlsruhes* bezeichnet. Seit 1888 entwickelte sich in Grötzingen eine Malerkolonie, Grötzingen wurde deshalb auch *badisches Malerdorf* genannt. Wesentlich jünger als die beiden Ortsteile ist die Siedlung Dammerstock. Diese wurde nach einer vom Bauhausarchitekten Walter Gropius gewonnenen Ausschreibung 1929 in konsequenter Zeilenbauweise errichtet. Die Wohnungen wurden so Nord-Süd ausgerichtet, dass eine optimale Besonnung bestand. Trotz des fortschrittlichen Bauens wurde die wegen der Weltwirtschaftskrise nicht ganz fertig gestellte Siedlung anfänglich als *Jammerstock* verspottet. Wegen dünner Wände hieß es, mit einem Nagel könnte man gleich in zwei Wohnungen Bilder aufhängen und wegen der kleinen Wohnungen wären in den Nachttöpfen die Henkel innen angebracht. Der 1975 zu Karlsruhe gekommenen Stadtteil Neureut wurde früher ebenfalls verspottet. *Wer den Tod nicht scheut, zieht nach Neureut*, sagte man. Da viele einst selbstständige Dörfer nach Karlsruhe einge-

meindet wurden und der Südwesten reich an
Ortsnecknamen ist, haben etliche Stadtteile Bewohner-
spitznamen. Südstadtbewohner kamen jedoch durch
Buffalo Bill, der hier im April 1891 auf seiner Europa-
tournee gastierte, zu ihrem Spitznamen. Die Show machte Eindruck, in der Südstadt wurde sogar eine Indianer-
statue aufgestellt. Weil es nun in der Südstadt Indianer
gab, nannten sich die Bewohner der Oststadt ‚Trapper‘.
Die Karlsruher selbst heißen übrigens *Briganden*.

Stadtteil	Bewohnerbeiname
Aue	Rahmdieb
Beiertheim	Schlofer
Bulach	Nachtwächter
Daxlanden	Schlaucher
Durlach	Letschebacher, Schwarzbückel
Grötzingen	Hottscheck
Grünwettersbach	Küwwelscheisser
Grünwinkel	Spatzen, Grönländer
Hagsfeld	Haagseicher, Hasepelz
Hohenwettersbach	Spengler
Knielingen	Holzbiere
Mühlburg	Milchsäule
Neureut	Kiehbacher, Spundefresser
Oststadt	Trapper
Palmbach	Schacke, Schackebreuner
Rintheim	Sandhasen
Rüppurr	Rahmbeutel, Rieberger
Stupferich	Pelzmüller, Gänsfüßler
Südstadt	Südstadtindianer, Eisenbahner
Südweststadt	Fabrikler
Weststadt	Krautköpfler
Wolfartsweier	Stickel

Quelle: Die Orte des Landkreises und Stadtkreises Karlsruhe;
http://www.bahnbruecken.de/ortsverzeichniskarlsruhe.html

Mannheim

Stadtteil	Beiname
Oststadt	Musebrotviertel
Jungbusch	(einst) Rumpelkammer Mannheims

,Quadratisch, praktisch, gut.'

Im wegen der in der Innenstadt schachbrettartig angelegten Straßenzügen *Quadratestadt* genannten Mannheim haben, wie oft im Südwesten, weniger die Stadtteile als deren Bewohner Spitznamen. Eine Ausnahme ist die Oststadt, die früher wegen der kleinen Angestellten, die hier wohnten und die sich als Brotaufstrich nur selbstgemachte Marmelade (Mus) leisten konnten auch *,Musebrotviertel'* genannt wurde. Auch in Heidelberg gibt es ein Musebrotviertel, dort wird die Weststadt so genannt. Während die Mannheimer auch Bloomäuler genannt werden, haben die Bewohner des Stadtteils Käfertals passenderweise den Spitznamen Löwenjäger.
Die Luzenberger werden wiederum *Spiegel* genannt, denn in diesem Ortsteil gab es einst eine Spiegelfabrik. In der Luzenberger *,Spiegelsiedlung'* wuchs übrigens der ehemalige Bundestrainer Sepp Herberger auf.

Stadtteil	Bewohnerbeiname
Feudenheim	Lallehag
Friedrichsfeld	Schlabberdewwel
Hochstädt	Barackler
Käfertal	Löwenjäger
Luzenberg	Spiegel
Neckarau	Pilwe
Neckarstadt	Neckarschleimer
Rheinau	Sandhase
Sandhofen	Schdichler
Waldhof	Benz-Barackler
Wallstadt	Gowe

<u>Freiburg</u>

Stadtteil	**Beiname**
Ebnet Klein-Grün	Klein-Basel
Unterwiehre	Heldenviertel

‚In Wiehri isst man Backsteinkäs um vieri.‘

Die Wiehre ist ein südlich des Flusses Dreisam gelegener Freiburger Stadtbezirk. Der Name leitet sich von den Wehren ab, mit denen die seichte Dreisam aufgestaut wurde. Ab Mitte des 19. Jahrhunderts wurde in der Wiehre ein großbürgerliches Wohngebiet geplant. Bedarf kam nicht nur aus der in der Stadt durch die Industrialisierung entstehende Bürgerschicht sondern auch durch zuziehende Pensionäre aus dem industriellen Nordbaden und dem Ruhrgebiet. Ein Standortvorteil war damals die Sicherheit vor Seuchen wie Cholera, da das Freiburger Trinkwasser durch Schwarzwaldquellen gespeist wurde.

Der Bauboom verhalf der Wiehre zum oben zitierten Spruch mit dem Backsteinkäse, denn damit war auch gemeint, dass man bis in den Nachmittag hinein Backsteine verbaute. Als man 2008 den 1000. Geburtstag von Wiehre feierte, veranstaltete man ein Backsteinkäseessen.

Im Freiburger Ortsteil Ebnet gibt es die Siedlung Klein-Grün. Diese liegt auf der östlichen Seite der Dreisam. Sie wird deshalb Klein-Basel genannt, denn Klein-Basel liegt in der Schweizer Großstadt auf der anderen Seite des Rheins.

Das Handwerkerviertel südlich des Schwabentores (die Gerberau, Fischerau und Insel umfassend) trug früher übrigens den Namen Schneckenvortstadt. Diesen Namen soll es wegen den schneckenhausförmigen Wendeltreppen der Wohnhäuser erhalten haben.

Nürnberg

Stadtteile	Verballhornung, Beiname
Gostenhof	Gostanbul
	Goho
Zerzabelshof	Zabo
Langwasser	Longwater
St. Johannis	Schönster Stadtteil der Welt

‚St. Johannis- der schönste Stadtteil der Welt‘.

Die Nürnberger Innenstadt wurde im Krieg fast völlig zerstört. Es gab sogar Pläne, diese an anderer Stelle wieder aufzubauen. Einige Stadtteile kamen jedoch glimpflicher davon. Dazu gehört St. Johannis, in dessen Friedhof viele berühmte Bürger der Stadt begraben sind, darunter Albrecht Dürer. Das lokale Stadtteilmagazin bezeichnet Johannis als *‚schönsten Stadtteil der Welt‘*. Ebenfalls im Krieg wenig zerstört wurde Gostenhof, der Stadtteil Nürnbergs mit den meisten Beinamen. Gostenhof gilt (bzw. galt) als Glasscherbenviertel und wurde auch schon als *Bronx Nürnbergs* bezeichnet. Wegen des hohen Ausländeranteils hat der Stadtteil auch den Spitznamen *Gostanbul*. Gostenhof gilt auch ein bisschen als das Kreuzberg Nürnbergs. *Leichte Gentrifizierungstendenzen* drücken sich in der Abkürzung *Goho* aus, die ein bisschen an das Londoner Vergnügungsviertel Soho erinnern soll, manchmal aber auch als *Go home* interpretiert wird.
Weil er so schwierig auszusprechen ist, hat der Stadtteil Zerzabelshof ebenfalls eine Kurzform - er wird auch Zabo genannt.
Der Stadtteil Langwasser wird gelegentlich scherzhaft Longwater (oder seltener auch *Aqua City*) genannt.
☞ Nürnberg hat zudem zwei Stadtteile, die auch ohne Verballhornung seltsame Namen tragen: Ziegelstein und Buch.

München

Stadtteile	Verballhornung
Alt-Bogenhausen	Ellenbogenhausen
Haidhausen	Franzosenviertel
Maxvorstadt	Gehirn Münchens
Pasing	Schulstadt, Schulstadtteil
Schwabing	Schönste Tochter Münchens
Westend	Rossfleischinsel Münchner Galgenberg

‚In Loam dahoam '.

Die in Husum geborene, aber in Schwabing, der *„schönsten Tochter Münchens'* residierende Fanny Gräfin zu Reventlow (1871-1918) meinte, Schwabing wäre kein geographischer Begriff, sondern ein Zustand, und bezeichnete den Stadtteil auch als ‚Wahnmoching'. Später hieß ein gescheitertes Vergnügungszentrum im Stadtteil passenderweise Schwabylon.

Die Bezeichnung Westend ist bereits ein volkstümlicher Ausdruck für das Gebiet westlich der Schwanthalerhöhe. Früher sagte man zu der Gegend auch *Rossfleischviertel*, denn die ärmliche Bevölkerung konnte sich nur billiges Rossfleisch leisten. Da auf der Schwantahlerhöhe einst eine Hinrichtungsstätte mit Galgen eingerichtet war, hieß das Viertel auch *Münchner Galgenberg*. Arbeiterviertel wie Westend und Giesing werden in München auch als *Glasscherbenviertel* oder *Scherbenviertel* bezeichnet.

Als gut situiertes Viertel kann dagegen Alt-Bogenhausen gelten. Hier kämpft eine zahlungskräftige Klientel um jede frei werdende Immobilie. Das Viertel hat deshalb den Beinamen *Ellenbogenhausen*.

In Haidhausen, dem *‚Schwabing östlich der Isar'*, wurden nach dem gewonnenen Krieg gegen Frankreich im Jahre 1871 viele Straßen nach französischen Orten benannt.

Deshalb hat der Stadtteil heute den Beinamen Franzosenviertel. Einst galt es jedoch als Armenhaus Münchens. ‚*Von drei Bettlern in München leben zwei in Haidhausen*‘, hieß es einst.

Im am Bahnkorridor im Westen Münchens gelegenen Stadtteil Laim reimt man bayerisch ‚*in Loam dahoam*‘. In Obermenzing gilt ein ähnlicher Spruch als ‚Nationalhymne‘ des Stadtteils:
*Mir san net von Pasing, mir san net von Loam,
mir san halt im lustigen Obermenzing dahoam.*

Die Obermenzinger sind zwar nicht von Pasing, gehen dort aber oft auf die Schule. Pasing wird wegen seiner vielen Bildungseinrichtungen (vor allem Gymnasien) auch *Schulstadt* bzw. Schulstadtteil genannt.
Weniger von Schulen als von Universitäten ist die an die Innenstadt angrenzende Maxvorstadt geprägt. Weil hier zudem einst bekannte Persönlichkeiten wie Thomas Mann, Georg Elser oder Franz Josef Strauß gewohnt haben, wird die Maxvorstadt auch als ‚*Gehirn Münchens*‘ bezeichnet. Thomas Mann wohnte später in der Poschingerstraße im isarnahen Villenviertel Herzogpark. In einer Erzählung aus dem Jahre 1919 bezeichnete Mann den Herzogpark als ‚*Zaubergarten*‘.
Als die HEIMAG-Siedlung im Südwesten Münchens 1936/37 gebaut wurde, lag sie in einer noch unwirtlichen Gegend. In Anlehnung an den Abessinien-Krieg wurde die Siedlung deshalb im Volksmund *Neu-Abessinien* genannt. Im Stadtteil Berg am Laim wurde in derselben Zeit ebenfalls eine Siedlung mit kleineren Häusern und Vorgärten errichtet. Deswegen, und wegen der winzigen Wohnungen, heißt sie im Volksmund *Maikäfersiedlung*. Ebenfalls im Osten Münchens gelegen nahm die Parkstadt Bogenhausen viele Kriegsflüchtlinge auf und wurde deshalb im Volksmund *Preußensiedlung* genannt.

2. Stadtteilbeinamen - Österreich und Schweiz

2.1 Wien

Stadtbezirk	Beiname
Leopoldstadt (2. Bezirk)	Bobostan Mazzesinsel
Grinzing	Heurigendorf
Favoriten	Zehnter Hieb

‚I brauch kan Gürtel, i brauch kan Ring, I will z'ruck hintern Semmering.' (Song ‚Fürstenfeld')

Nur wenige der 23 Wiener Bezirke haben eigene Beinamen. Die Leopoldstadt, der 2. Bezirk, hatte früher den Beinamen Mazzesinsel. Zum einen liegt er zwischen Donau und Donaukanal auf einer Insel. Zum anderen lebte hier vor dem Zweiten Weltkriege ein Großteil der Wiener Juden und es gab zahlreiche Matze-Bäckereien. 1624 hatte der Kaiser Ferdinand II. die Juden aus der Stadt vertrieben und ihnen dieses vorstädtische Gebiet zugewiesen.

Ein neuerer Beiname der Leopoldstadt ist *Bobostan*. Dieser leitet sich von der Bobo- (bourgeoise Bohème) Bevölkerung ab, die hier lebt.

1874 wurde die vor der äußeren Befestigungsanlage Wiens gelegene *Siedlung vor der Favoritenlinie* als 10. Bezirk zu Wien eingemeindet. Damit war Wien über seine historischen Grenzen hinausgewachsen. Dem alten Wien wurde ein Hieb versetzt und mit einem Hieb war ein neuer Bezirk geschaffen worden. Man sagte und sagt zum Bezirk deshalb auch ‚zehnter Hieb'. Seltener wird der Begriff Hieb auf andere Bezirke (mit zweistelligen Nummern) angewandt.

☞: Die innerhalb des Gürtels gelegenen Bezirke 1-9 und 20 werden auch als Innenbezirke bezeichnet. Die Außenbezirke gelten in Wien auch als *entern Gründ*.

2.2 Zürich

Stadtbezirk, Stadtviertel	Beiname
Kreis 4	Kreis Cheib (Kadaverkreis) Glasscherbenviertel
Kreis 5	Industriequartier, Westend Zürichs
Kreis 7 (Zürichberg)	Aktienhügel Teutonenhügel
Adliswil	Kübliswil
Enge	Golanhöhe
Langstrassenquartier	Klein-Kongo
Oerlikon	Gförlike
Schwamendingen	Klein-Manhattan, Dame-Schwinge Schwäminghäm,
Wollishofen	Wollyhood

‚Oerlike, Gförlike, Schwamedinge, Dame-Schwinge'

In Zürich gibt es ein erhebliches Sozialgefällezwischen den Wohnstandorten. Die sozial schwächere Bevölkerung wohnt in den flacheren, seefernen Gegenden am Bahnkorridor, die Reichen in den Hügeln oder am See. Der Kreis 4 wird auch *Kreis Cheib* (Kadaverkreis) oder *Glasscherbenviertel* genannt. Das im Kreis 4 gelegene Langstrassenquartier wird wegen seines hohen Ausländeranteils auch *Klein-Kongo* genannt. Im Norden Zürichs sind Schwamendingen (*Klein-Manhattan, Schwämingham*) und Oerlikon (‚*Gförlike*' ‚das gefährliche') ebenfalls weniger attraktive Stadtteile. Der Kreis 7, mit dem Millionärswohnstandort Zürichberg gilt dagegen als *Aktienhügel* oder, weil sich hier viele vermögende Deutsche niedergelassen haben, als *Teutonenhügel*. Wollishofen ist ein Stadtteil am See und deshalb ebenfalls teuer, er wird auch *Wollyhood* genannt.

3. Stadtteile und ihre Beinamen – Europa

<u>Vermischtes zu Stadtteilen in verschiedenen Städten</u>

Venedig-Ghetto

Das Wort Getto soll sich vom venezianischen Stadtviertel Ghetto ableiten. Ghetto (Gheto) ist eine Insel, die den venezianischen Juden seit dem 16. Jahrhundert als Wohngebiet zugewiesen worden war.

Athen-Exarchia

Das innerstädtische Athener Studentenviertel Exarchia wird wegen dort lebender anarchistischer Autonomer mittlerweile auch ‚Anarchia‘ genannt.

Rom und das Seifenviertel

In Rom gab es einst ein Viertel, das den Spitznamen Seifenviertel (monte die sapone) hatte.

Oslo-Grönland

In Oslo gibt es ein trendiges Innenstadtviertel namens Grönland, welches auch ‚Little Karachi‘ genannt wird.

Warschau Praga und Wlochy

In Warschau gibt es im Südwesten einen Stadtteil namens Wlochy. Wlochy ist das polnische Wort für Italien. Östlich der Weichsel liegt der Stadtteil Praga. So heißt auch die tschechische Hauptstadt im Polnischen.

Moskau - Kitai Gorod

Die Moskauer Altstadt heißt Kitai Gorod, was oft als Chinesenstadt interpretiert wird, denn im modernen Russisch bedeutet *Kitai* China. Doch in Wirklichkeit hat der Name nichts mit China zu tun.

3.1 Paris

Arrondissement	Beiname
2.	Silicon Sentier
5.	Quartier Latin
10.	La goutte d'or (goldener Tropfen)
13.	Chinatown, Insolite
20.	Colline rouge (roter Hügel)

‚Paris ist die Hauptstadt Frankreichs und das 16. Arrondissement ist die Hauptstadt von Paris‘ (Victor Hugo).

Die Nummerierung der Arrondissements, der Stadtbezirke von Paris, folgt einer Spirale. Die Bewohner von Paris nennt deshalb deren Anordnung auch *l'escargot*, die Schnecke und die Gemeinde Paris selbst hat ja auch in etwa die Form eines Schneckenhauses.

Im Westen liegen die wohlhabenden Bezirke, im Norden und Osten die eher ärmeren. Das gehobene 16. Arrondissement im Westen der Stadt, Sitz zahlreicher Botschaften und der OECD, galt lange als politisches Machtzentrum der Stadt (siehe Zitat oben).

Nördlich grenzt das 17. Arrondissement an, das wenig Touristen sieht und deshalb als eines der pariserischten Arrondissements gilt. Ganz im Osten liegt das 20. Arrondissement, eher ein Arbeiterviertel, das wegen seiner politischen Orientierung früher auch *colline rouge*, der rote Hügel, genannt wurde. Das im Südosten gelegene 13. Arrondissement gilt wiederum als etwas Besonderes (Insolite) und eher untypisch für die Stadt. Hier findet sich auch die Pariser Chinatown. Im 2. Arrondissement im Stadtzentrum findet sich das einstige Textilviertel *Sentier*. Um 2000 zog es zahlreiche Internetfirmen an und kam zum Spitznamen *Silicon Sentier*. Nördlich davon liegt der 10. Bezirk, ein Bahnhofsviertel, auch *goutte d'or* (goldener Tropfen) genannt. Im Westen angrenzend der 9. Bezirk, der als ‚der patriotischste‘ von Paris gilt.

<u>3.2 London</u>

Borough	Beiname
Greenwich	Green Borough, Greenside
Wandsworth	Nappy Valley
Kensington	Teile : Albertopolis
Hackney, Old Street Round.	Silicon Roundabout
Tower Hamlets	Brick lane : Banglatown

‚The City is the money of London, the West is the goods of London and the East is the hands of London.'

Greenwich ist der Bezirk (Borough) von Greater London mit den meisten Beinamen. Wegen der vielen Grünflächen (das Logo des Bezirks ist ebenfalls grün) wird Greenwich auch als Green Borough, als Greenside oder Greentown bezeichnet. Im wohlhabenden Bezirk South Kensington gibt es eine von der Great Exhibition 1851 geprägte Gegend. Da Prinz Albert treibende Kraft war, wird die Gegend auch Albertopolis genannt.

London hat einen hohen Anteil von Einwanderern aus Übersee (vor allem aus den ehemaligen Kolonien). Muslimische Einwanderer aus Südasien machen London, vor allem den Nordosten der Stadt, für manche zu Londonistan. Wegen vieler Einwanderer aus Bangladesh wird das Brick Lane-Viertel im Bezirk Tower Hamlets Banglatown genannt. Trotzdem liegt der geburtenreichste Stadtteil, das Londoner ‚Nappy Valley', in einem anderen Bezirk. Dieses liegt im Südwesten von London in den Bezirken Battersea und Wandsworth und hat seinen Spitznamen (in einer Verballhornung des kalifornischen Weinanbaugebietes Napa Valley) von den Nappies, den Babywindeln. Hier sind es weniger Einwanderer als gut situierte Mittelschichtsbewohner in der richtigen Altersklasse, welche für eine hohe Geburtenzahl sorgen. Angeblich hatte der Bezirk Wandsworth im Jahre 2004 die höchste Geburtenrate Europas.

Stadtteil	Beiname
Ixelles	XL
Ixelles Port de Namur	Matonge
Molenbeek	Belgisches Manchester (einst) Klein-Marokko
Schaerbeek (Teile)	Land der Esel

‚Brüssel ist krank, aber sein Herz schlägt..‘

In Brüssel liegen, anders als in vielen westeuropäischen Metropolen, die einfachen Wohngebiete im Westen, die vornehmen im Osten bzw. wegen des nahen Stadtwaldes im Südosten.

Zu den einfachen Wohngebieten gehört auch das am die Stadt in Nord-Südrichtung durchquerenden Kanal gelegene Molenbeek. Das flämische Wort Molenbeek bedeutet Mühlenbach und diese Mühlen haben zu einer frühen Entwicklung der Textilindustrie geführt, weshalb Molenbeek den Beinamen *belgisches Manchester* hatte. Heute wird Molenbeek wegen des hohen Bevölkerungsanteils nordafrikanischer Migranten in Brüssel auch ‚Klein-Marokko‘ oder ‚*Little Marrakech*‘ genannt. Im Stadtteil Schaerbeek wiederum befindet sich ein Klein-Anatolien. Die Schaerbeeker waren einst für ihre Eselszüchter bekannt, Schaerbeek wurde deshalb früher ‚Land der Esel‘ genannt. Ein vielfältiges innenstadtnahes Viertel ist Ixelles, manchmal salopp zu XL abgekürzt (so spricht man es im Französischen auch aus). In einem Teil von Ixelles (an der Port de Namur) leben viele Einwanderer aus dem einst belgischen Kongo. Diese Afrikaner-Gegend wird *Matonge* genannt. Matonge ist ein Stadtteil der Kongo-Hauptstadt Kinshasa Kinshasa.

An Matonge schließt das Europaviertel an, welches heute nach den Badges, welche Zugang zu den EU-Gebäuden verschaffen, auch *Badge-City* genannt wird.

3.4 Antwerpen

Stadtviertel	Beiname
Theater-/Univiertel	Quartier Latin
Zw. Groenplats und Waelplaats	Fashion District
Zuid	Le Petit Paris
Wilrijk (Vorort)	Ziegenstadt

‚Antwerpen verdankt seinen Reichtum der Schelde und die Schelde Gott.´

Die Diamantenwelthauptstadt Antwerpen gehört heute zu den Modemetropolen Europas. Folglich gibt es in der Innenstadt auch einen Modedistrikt (Modewijk) mit einem Flemish Fashion Institute. Der *Fashion District* überschneidet sich teilweise mit dem Theaterviertel, welches nach Pariser Vorbild auch *Quartier Latin* genannt wird. Auch das Stadtviertel Zuid, wegen seiner von Haussmann inspirierten Boulevards *Le Petit Paris* genannt erinnert an die französische Hauptstadt. Antwerpens jüdisches Viertel, wegen seines intakten jüdischen Lebens auch *Westeuropas letztes Schtetl* genannt, ist fast deckungsgleich mit dem Diamantenviertel.

☞: Aus der Zeit der spanischen Herrschaft über die Stadt stammt der Beiname der Antwerpener, *Sinjoren* (señor). Als wirklicher Sinjor gilt man in Antwerpen jedoch nur, wenn bereits die Eltern und Großeltern in Antwerpen geboren wurden. Früher musste man dagegen innerhalb der spanischen Festungsanlagen geboren sein (zwischen den Flüssen Leie und Schelde), um als Sinjor zu gelten. Die Bewohner außerhalb dieser Anlagen wurden *Pagadder* genannt. Heute werden auch Menschen so genannt, die in Antwerpen geboren sind, deren Eltern aber zuzogen.

Stadtviertel	Beiname
Straßen nördl. des Doms	Goldenes Viereck
Navigli	Klein-Amsterdam
San Siro	Kaninchenhügel

‚Wer Mailand den Rücken kehrt, auch des Brotes entbehrt' (Chi volta cula a Milan, la volta al pan).

Mailands Name leitet sich von Mediolanum ab, was *in der Mitte der Ebene* bedeutet. Ein größerer Fluss fehlt jedoch. Deshalb behalf man sich im Mittelalter mit Kanälen, über die etwa Steine aus den Alpen für den Bau des Mailänder Domes transportiert wurden. Das Universalgenie Leonardo da Vinci (1452-1519) begann seine Karriere übrigens als Kanalingenieur in Mailand. In der Neuzeit wurden viele Kanäle zugeschüttet. Im Süden der Innenstadt sind im Navigli-Viertel jedoch noch Kanäle erhalten. Navigli wird deshalb auch *Klein-Amsterdam* genannt. Die Gegend hat sich in den letzten Jahrzehnten zu einem Trend- und Künstlerviertel entwickelt (neuerdings verlagert sich die Designszene zur angrenzenden *Zona Tortona*). Navigli wird auch *Mailands Montmartre* genannt. So schick wie im *Quadrilatero d'oro (Goldenes Viereck),* einem exklusiven Straßenkarree nördlich des Doms, ist es hier jedoch noch nicht. Mailand wurde im Zweiten Weltkrieg stark zerstört. Der Schutt wurde in einem Park im nordwestlichen Stadtteil San Siro aufgehäuft. So kam das flache Mailand zum 50 m hohen Schuttberg Monte Stella. In San Siro gibt es nicht nur ein bekanntes riesiges Fußballstadion, sondern auch eine französische Schule. Hier leben darum viele in Mailand arbeitende Franzosen. Diese haben mehr Kinder als die Italiener (in Norditalien hat sich die Ein-Kind-Familie durchgesetzt) was zum Spitznamen *Kaninchenhügel* für die Gegend um den Monte Stella geführt hat.

<u>3.6 Madrid</u>

Stadtteil	Beiname
Chueca	Gay Village
Huertas	Barrio de las letras Literarisches Madrid
La Latina	Madrid de los Austrias Habsburgisches Madrid
Malasana	Maravillas (Wunder)

‚Von Madrid in den Himmel..‘

Vielleicht liegt es am wolkenlosen klaren Himmel über der Stadt, wieso man *‚de Madrid al cielo‘* sagt.
Malasana ist ein trendiges Ausgehviertel in Madrid, das in den 1970er und 80er Jahren Zentrum der spanischen movida war, einem hedonistischen Ausbruch der Freiheit nach langen Jahren der Franco-Diktatur.
Benannt ist das Viertel nach der Spanierin Manuela Malasana, die 1808 nach dem Aufstand der Madrider gegen die napoleonischen Truppen mit erst 15 Jahren hingerichtet wurde, weil sie mit einer Waffe am Aufstand beteiligt war - einer Schere. Durch ihren jungen Tod wurde sie bald als Heldin verehrt. Doch eigentlich ist Malasana kein schöner Name für ein Viertel, denn mal bedeutet im Spanischen schlecht und sano ist die Gesundheit. Das Malasana-Viertel wird von den Bewohnern deshalb auch *barrio de maravillas* genannt, Viertel der Wunder also. Der Stadtteil Huertas hat wiederum den Beinamen *Barrio de las Lettras*, das literarische Viertel, denn hier wohnten im 17. Jahrhundert große spanische Schriftsteller wie Miguel de Cervantes (Don Quichote), Lope de Vega und Calderon de la Barca. Ein ‚österreichisches Madrid‘ gibt es auch - so wird der Stadtteil La Latina nach der Habsburger-Dynastie, welche Spanien bis 1700 regierte, bezeichnet.

<u>3.7 Lissabon</u>

Stadtteil	Beiname
Bairro Alto	Journalistenviertel
Baixa	Herz der Stadt, Baixa Pombalina
Martin Moniz	Chinatown
Santos	Design-Distrikt
Couva da Mouva	11. Insel der Kapverden

‚Wer Lissabon nicht gesehen hat, hat nichts Schönes gesehen.‘

Lissabon wird wegen der Farbe seiner Bauten auch *weisse Stadt* genannt. Wie Rom ist Lissabon angeblich auf sieben Hügeln erbaut. Nach dem verheerendem Erdbeben mit anschließendem Tsunami im Jahre 1755 wurde die Innenstadt in Schachbrettmuster wieder aufgebaut. Weil sie die Unterstadt bildet ist heißt sie auf Portugiesisch Baixa, oder Baixa Pombalina - nach dem portugiesischen Premierminister Marques de Pombal, der im 18. Jahrhundert den Wiederaufbau vorantrieb.
Das Bairro Alto, die Oberstadt, gilt als Zentrum der Intellektuellen und wird auch Journalistenviertel genannt. Zwischen Oberstadt und Baixa liegt das innerstädtische Einkaufsviertel Chiado, das 1988 durch ein Großfeuer teilweise zerstört, aber mittlerweile wieder aufgebaut wurde. Benannt wurde es nach dem Spitznamen von Portugals Poet Antonio Ribeiro (1520-1591), welcher im Viertel lebte (eine Statue erinnert dort an ihn).
Als Designdistrikt gilt das Hafenviertel Santos mit seinen Speichergebäuden. In Lissabons Vorstadt Cova da Mouva leben so viele Kapverdianer, dass diese den Beinamen *11. Insel der Kapverden* trägt. Als der portugiesische Präsident dem Viertel einen Besuch abstatten wollte, fragte er nicht den Bürgermeister, ob es dort sicher sei, sondern den Botschafter der Kapverdischen Inseln.

3.8 Vilnius

Stadtviertel	Beiname
Uzupis	Republik der Künstler
Sauletekis (Studentenstadt)	Kamchatka
Sauletekis (Hochhäuser)	New York
Kalvarijosstraße	Shanghaiguan

,Jeder hat das Recht, am Vilnele-Fluss zu leben und der Vilnele-Fluss hat das Recht, an jedem vorbeizufließen.'

Dies ist der erste der 41 Artikel der ,Verfassung der Republik Uzupis', die 1997 ausgerufen wurde. Nationalfeiertag dieser Künstler-Republik, die manchmal mit Cristiania in Kopenhagen verglichen wird, ist der 1. April. Uzupis gilt als Montmartre (bzw. Kreuzberg) von Vilnius und liegt östlich des Vilnia-Flusses (was kleine Welle bedeutet, Verkleinerungsform: Vilnele) nach dem die Stadt benannt ist.

In Vilnius gibt es noch weitere interessante Beinamen. So wird ein Studentenwohngebiet im Stadtteil Sauletekis *Kamchatka* genannt, weil es so weit von der Innenstadt entfernt liegt (ca. 7 km, Kamtschatka lag in der Sowjetunion am anderen Ende des Landes). Das Studentenwohngebiet enthält auch Wohnhochhäuser. Diese werden im Volksmund *New York* genannt. Die Kalvarijos-Straße in der Innenstadt wird wegen der engen Wohnverhältnisse und der hohen Bevölkerungsdichte als *Alt-Shanghai* oder Shanghaiguan bezeichnet.

Die orthodoxe Kirche des heiligen Geistes in der Innenstadt in ihrem auffallenden Rokoko-Stil wurde von polnischen Touristen bereits *Las Vegas* genannt.

Der Gediminasturm auf dem Burghügel der Stadt erinnert manche wiederum an die Architektur der Bastionstürme, der *chinesischen Mauer*.

3.9 Budapest

Stadtbezirk	Beiname
1.Bezirk	Wasserstadt
2.Bezirk	Rosenhügel
6. Bezirk	Theresastadt, Broadway Pest Teile: Diplomatenviertel
7. Bezirk	Elisabethstadt
8. Bezirk	Josephstadt, Nyocker , Zigeunerviertel, Chicago
9. Bezirk	Franzstadt
14. Bezirk	Zuglo, Lerchenfeld
21. Bezirk	Csepel, Rotes Csepel

‚In Pest arbeiten, in Buda leben '

Budapest galt einst als ein ‚Paris des Ostens' und eine ‚Perle an der Donau'. In der Transformationskrise der 1990er Jahre ist daraus mit wachsender Sexindustrie zeitweise ein *‚Bangkok an der Donau'* geworden.

Budapest ist in 23 Bezirke unterteilt, die alle halb-offizielle Beinamen haben, wie Josephstadt für den 8. Bezirk oder Elisabethstadt für den 7. Bezirk. Zusätzlich gibt es Spitznamen. Am reichsten davon ist der 8. Bezirk, der *Bronx Budapests, Chicago, Zigeunerviertel,* Rotlicht-viertel und *Nyocker* (der Achte) genannt wird. Der 6. Bezirk wird wegen seiner Theater auch Broadway Pest genannt. Dort liegt zwischen dem Oktogon-Platz und dem Heldenplatz das ‚Diplomatenviertel'.

Die Industrieinsel Csepel, die den 21. Bezirk bildet, wurde früher wegen starker Arbeiterbewegung auch *das Rote Csepel* genannt.

Besser lebt sich's im 2. Bezirk, der das exklusive Wohngebiet des Rosenhügels (auch ‚Luxhushügel' genannt) umfasst, von manchen als Beverly Hills von Budapest angesehen.

<u>3.10 Stockholm</u>

Stadtviertel	**Beiname**
Gamla Stan	Wiege Stockholms
Aspudden	Aspside
Bandhagen	Bandithagen
Högdalen	High Valley
Kristineberg	Krillan
Kungsholm	Västermalm
Nälsta	Königin der Vororte
Ragsved	Rocksved, Drogsved
Sköndal	Sweet Valley, Stockholms Miami

‚SoFo- South of Folkungagatan'

Das hippste Stadtviertel Stockholms ist zurzeit *SoFo*, South of Folkungagatan im Stadtteil Södermalm (auch ‚Söder' genannt). Im Stadtteil Vasastaden gilt ein Viertel um St. Eriksplan wegen seiner Theater als ‚Off-Broadway Stockholms'. Exklusiv ist der Stadtteil Östermalm, die ‚Upper East Side Stockholms'. Im Zentrum selbst wurde in den 1960 Jahren der zentrale Platz Sergels Torg so umgewühlt, dass die Gegend lange den Beinamen ‚die Baugrube' hatte. Die in ihrer historischen Architektur intakte, auf einer Insel gelegene Altstadt Gamla Stan wird wiederum ‚Wiege Stockholms' genannt. Zur Region Stockholm gehören sowohl idyllische Vororte als auch solche, die mit ihren massiven Wohnblöcken an osteuropäische Plattenbausiedlungen erinnern. Nälsta gilt als *Königin der Vororte*, Sköndal als *Sweet Valley* und *Stockholms Miami*. Die Arbeitervorstadt Ragsved hat dagegen den Spitznamen *Rocksved* bzw. *Drogsved*. Bandhagen wird wiederum auch *Bandithagen* genannt. Noch weiter draußen liegt Södertalje, wegen vieler Irakflüchtlinge auch *Little Baghdad* genannt.

4. Stadtteile und ihre Beinamen - Welt

<u>Vermischtes zu Stadtteilen in verschiedenen Städten</u>

Copacabana

Dieser lebenslustige Strandstadtteil Rios soll nach einem Wallfahrtsort in Bolivien benannt worden sein, aus welchem Marienkunstwerke eingeführt wurden.

Ipanema

Durch Antonio Carlos Jobims Song *Garota de Ipanema* (Girl of Ipanema) wurde dieser zweite Strandstadtteil Rios fast so berühmt wie Copacabana.

San Francisco Height Ashbury

San Franciscos einstiger Hippie-Stadtteil Height Ashbury hat wegen dort erhältlicher weichen Drogen den Beinamen Hashbury.

Tokio Akihabara

Im Tokioer Stadtteil Akihabara gibt es so viele Elektronikläden dass der Stadtteil den Beinamen *Elektronik-Stadtteil* bzw. *Elektronikmeile* hat. Nach einer Untersuchung des Tourismusministeriums schaut hier jeder 16. Besucher Japans vorbei.

Hongkong Mongkok

Mongkok, Teil des Hongkonger Bezirks Kowloon ist laut Guinness Buch der Rekorde mit 130 000 Menschen pro km^2 der am dichtesten besiedelte Stadtteil weltweit.

Hongkong Lan Kwai Fong

Zu diesem Ausgehviertel reimen die Einheimischen ‚*Bankers drink in Lankers*‘.

Stadtteil	Beiname
Manhattan	Big Apple
Brooklyn	Borough of neighbourhoods Borough of churches Borough of trees
Bronx	Salsa Borough Boogie Town, The X
Queens	Crescent Borough Q-Borough
Staten Island	Forgotten Borough, Borough of Parks, Staten Italy

'Manhattan makes it, Brooklyn takes it.'

New York hat 5 Boroughs (Stadtbezirke). Manhattan ist der berühmteste und wird oft mit New York gleichgesetzt. Wie New York hat dieser auf einer Insel zwischen Hudson und East River gelegene Stadtteil den Beinamen *Big Apple*. Manhattan ist Büro- und Wohnstandort gleichzeitig, hier leben auf 59 km² 1.6 Millionen Menschen. Manhattan ist mit 21.6 km übrigens so langgestreckt, dass die Bewohner der Südspitze den äußersten Norden auch *Arctic Manhattan'* oder *Upstate Manhattan* nennen.

In Manhattan, das einst mit Ballaststeinen von Schiffen gepflastert wurde, sind die meisten Straßenzüge seit dem Commissisoner's Plan von 1811 etwa 29° von der Ost-West-Achse geneigt. Das führt zwischen 28. Mai und 12 Juli zu einem Phänomen, welches *Manhattanhenge* (in Anspielung auf Stonehenge) genannt wird, denn dann geht die Sonne zwischen den Wolkenkratzerschluchten unter. Im Winter geht sie entsprechend im Osten zwischen den Häusercanyons auf.

Übersicht über Manhattans Neighborhoods

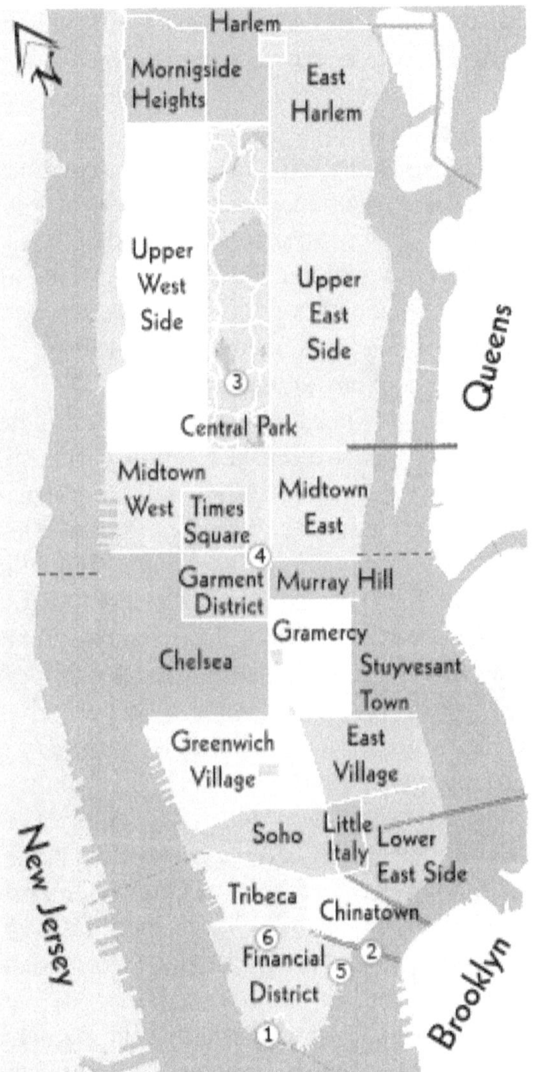

Quelle : www.nyc.tourist.com
(4 = Empire State Building)

In den 1940er Jahren landeten viele Emigranten aus Deutschland und Österreich in *Washington Heights* im Norden von Manhattan. Die Gegend um den Broadway und die 160. Straße wurde deshalb damals das ‚*vierte Reich*‘ genannt. Heute wohnen hier vor allem Einwanderer aus Lateinamerika.

In Manhattan gibt es viele Neighborhoods (Nachbarschaften) mit eigenem Namen. Etliche davon werden sogar international als Synonyme für bestimmte Charakteristiken eines Stadtteils genutzt, so Upper East Side als innerstädtisches Wohlhabendenviertel, Greenwich Village als gentrifiziertes Kreativenviertel, East Village als Szeneviertel, Harlem als Schwarzenviertel,

Keinen guten Ruf hat der nördlich von Manhattan gelegene Stadtbezirk Bronx, vor allem die South Bronx gilt als Problemgebiet. Wegen der vielen Lateinamerikaner, die dort leben (früher hauptsächlich aus Puerto Rico, heute kommen viele aus der Dominikanischen Republik) wird die Bronx auch als *Salsa Town* bezeichnet (das spanische Wort salsa bedeutet Soße). In Brooklyn gibt es viele unterschiedlich geprägte Stadtteile. Deshalb gilt Brooklyn als *Bezirk der Nachbarschaften*. Früher gab es hier viele Kirchen, deshalb der Beiname *Borough of churches.* Eine weniger freundliche Verballhornung ist Crooklyn (Crooklyn war auch der Titel eines 1994 gedrehten Films über das Stadtviertel). Queens hat keinen gebräuchlichen Beinamen, wird aber wegen seiner Form auch *Crescent* (Halbmond)-*Borough* genannt. Der von italienischen Einwanderern geprägte Bezirk Staten Island (er hat auch den Spitznamen *Staten Italy*) ist der am wenigsten bekannte New Yorks. Deshalb sein Beiname ‚Forgotten Borough‘. Hier wurde übrigens der Schutt des zerstörten World Trade Centres abgelagert.

4.2 Los Angeles

Stadtteil, Vorort	Beiname
Long Beach	Iowa by the sea ('früher')
Beverly Hills	Garden Spot of the World
Hollywood	Tinseltown
Lancaster	Sri Lancaster
Baldwin Hills	Black Beverly Hills
Beverly Hills, Belair, Holmby Hills	Platinum triangle
Westwood	Little Persia, Tehrangeles

'72 suburbs in search of a city'

Starke Zuwanderung aus Asien und Lateinamerika hat in den letzten Jahrzehnten zu einer Veränderung der Bevölkerungzusammensetzung von Los Angeles geführt. Nach der Volkszählung des Jahres 2000 betrug der Anteil der Latinos (Hispanics) 47%, heute dürften sie die Bevölkerungsmehrheit stellen. Die meisten Latinos sind Mischlinge, in der Volkszählung klassifizieren sich viele jedoch als Weiße. Nichtspanischsprachige Weiße (Anglos) sind in Los Angeles bereits eine Minderheit (ca. 30%). Vor dem Zweiten Weltkrieg war der Anteil englischsprachiger Weißer nach einer Zuwanderungswelle aus dem Osten so hoch, dass Long Beach den Spitznamen ‚Iowa by the Sea' hatte. Auch der Anteil asiatischstämmiger Bevölkerung steigt laufend. In Los Angeles gibt es eine *Koreatown*, ein *Little Manila,* eine *Thai Town* und ein *Little Tokyo.* Der Stadtteil Westwood wird auch *Little Persia* oder *Tehrangeles* genannt, der Vorort Lancaster auch *Sri Lancaster.* Noch unter sich sind die Angloamerikaner im exklusiven Beverly Hills, (Teil des ‚Platindreiecks') eigenständige Stadt, aber Teil der Agglomeration. Baldwin Hills, Wohnort der schwarzen Oberklasse, gilt als *Black Beverly Hills.*

4.3 Istanbul

Stadtteil	Beiname
Fatih	Das wahre Istanbul
Kadiköy (Kalchedon)	Stadt der Blinden
Kasimpasa	Kleine Türkei

'Feuer in Istanbul, Seuchen in Anatolien.'

Mit seinen vielen Holzhäusern wurde Istanbul oft Raub der Flammen. Weil es auf dem Seeweg leicht zugänglich war, ließ es sich zudem nur schwer verteidigen. Dies mag ein Grund dafür gewesen sein, wieso Atatürk die Hauptstadtfunktion in das zentraler gelegene Ankara tief im Hinterland verlegte. Atatürk meinte dazu: *,Anatolien musste Istanbul gehorchen, jetzt wird Istanbul Anatolien gehorchen müssen'*. Als ,erstes' oder ,wahres' Istanbul gilt übrigens der auf der europäischen Seite gelegene Stadtteil Fatih (440 000 Einwohner). Er gilt als ,typisches' Istanbul und zeigt sich heute fromm-islamisch. Multikultureller geht es im Stadtteil Beyoglu zu, der das Vergnügungsviertel um die Fußgängerzone Istiklal umfasst. Beyoglu liegt noch in Europa, aber auf der anderen Seite des Goldenen Horns (und wurde deshalb früher Pera, griechisch für ,andere Seite') genannt. Zu Beyoglu gehört das Arbeiterviertel Kasimpasi, das Zuwanderer aus dem ganzen Land aufgenommen hat und deshalb *,kleine Tür*kei' genannt wird. Hier ist Ministerpräsident Recep Erdogan geboren. Er wird manchmal auch *Kasimpasli* genannt, was für einen rauen aber bodenständigen und ehrlichen Arbeiter steht.

Auf der asiatischen Seite des Bosporus liegt Kadiköy. Istanbul wurde der Legende nach gegenüber der Stadt der Blinden gegründet (die blind für die gute Lage auf der anderen Meeresseite waren). Also kann Kadiköy (das griechische Kalchedon) als *Stadt der Blinden* gesehen werden.

4.4 Mumbai (Bombay)

Stadtteil	Beiname
Malabar Hills	Beverly Hills of India/Mumbai
Nariman Point	Manhattan of Mumbai
Dharavi	Asiens größter Slum

'Bombay, Slumbay, Mumbai'.

Mumbai (Bombay) liegt auf einer Halbinsel, die durch Eindeichungen aus 7 Inseln entstanden ist. Bis 1995 hieß die Stadt Bombay, was sich aus der portugiesischen Bezeichnung Bom Bahia (Gute Bucht) ableitete. In Mumbai ist die örtliche Hindupartei besonders eifrig bemüht, Namen aus der Kolonialzeit durch solche, die mit dem Hinduismus zusammenhängen, zu ersetzen. Der neue Name Mumbai leitet sich von der regionalen Hindugöttin Mumbadevi ab. Bahnhof und Flughafen der Stadt erhielten den Namen eines Hindukönigs. Trotz der Umbenennung wird die aktive Filmindustrie in der Stadt weiterhin Bollywood (Bombay+Hollywood) genannt.

Der Wirtschaftsboom den Mumbai seit der Jahrtausendwende erlebt, hat zu einem starken Anstieg der Bodenpreise auf der beengten Halbinsel geführt. Entwickler haben ihr Auge deshalb auf das innerstädtische Armenviertel Dharavi geworfen, das als auch *Asiens größter Slum* bezeichnet wird (früher sagte man deshalb ‚Bombay, Slumbay‘) und durch den Film ‚Slumdog Millionaire‘ international bekannt wurde. Sehr hoch sind die Immobilienpreise bereits im Meeresblick-Viertel Malabar Hills, dem ‚*Beverly Hills Indiens*‘. Hier wohnen etliche Bollywood-Schauspieler. Die Promenade Marine Drive verbindet Malabar Hills mit dem Geschäftsviertel Nariman Point und wird wegen der nachts funkelnden Gebäude *Queen's Necklace* (die Halskette der Königin) genannt. Mit seinen Hochhäusern gilt Nariman Point heute als *Manhattan Mumbais*.

Stadtteil	Beiname
Tamarama	Glamarama
The Hills	The garden shire
The Rocks	Sydney's outdoor museum

‚Tamarama, Glamarama'

Der an einer schönen Bucht gelegene Stadtteil Tamarama in Sydney zieht die Reichen und Schönen an. Des Glanzes (glamour) wegen wird Tamarama deshalb auch *Glamarama* genannt. Der berühmteste Strandabschnitt in Sydney ist jedoch nicht Tamarama, sondern Bondi Beach.

Zu den ältesten Stadtvierteln Sydneys gehört The Rocks mit seinen ehemaligen Lagerhäusern, einst Hafen Sydneys. The Rocks hat den Beinamen *‚Sydney's Outdoor Museum'*. Das Tourismusamt betont, dass es dort jedoch auch etliche Indoor-Museen gibt. Unweit von The Rocks liegen das weltberühmte Opernhaus und die Hafenbrücke, welche wegen ihrer Form den Beinamen ‚Kleiderbügel' (coathanger) hat.

Recht weit vom Zentrum liegt in den Höhenzügen am Rande der Stadt der Bezirk The Hills, der wegen seiner vielen Grünflächen auch Garden shire (Gartenkreis) genannt wird.

Immer mehr asiatische Einwanderer lassen sich in Sydney nieder. Im Southern Business District hat sich mittlerweile eine Chinatown gebildet.

5. Stadtviertel als Beinamengeber

Das Stadtviertel, welches am häufigsten als Inbegriff für bestimmte Zustände genannt wird, ist die New Yorker Bronx. Allein in Deutschland gibt es mehr als 25 als Bronx titulierte Viertel. Der Vergleich mit der Bronx schwankt dabei allerdings zwischen Scherz, Übertreibung, stolzer Eigenbezeichnung jugendlicher Bewohner für ein eher harmloses Kiez, Schmähbegriff und angesichts Abriss problematischer Wohnblöcke und Aufwertung innenstadtnaher Gebiete veralteter Bezeichnung. Die als Bronx bezeichneten Viertel in deutschen Städten sind zudem weit kleiner als das amerikanische Original, die Zustände harmloser. Stadtviertel, besonders innenstadtnahe, befinden sich im permanenten Wandel und was gestern als Bronx tituliert wurde, kann heute schon Kreuzberg und morgen Greenwich Village sein.

Zweithäufigstes Vergleichsviertel ist das Pariser Montmartre. Montmartre als Künstlerviertel ist positiv besetzt, der Begriff wird von der Tourismuswirtschaft deshalb eher überdehnt und auf Viertel angewandt, wo er nicht immer berechtigt ist. Der Vergleich mit Kreuzberg ist ebenfalls häufig und reflektiert weniger eine

Stadtteil	Vorkommen
Bronx (New York)	**50**
Montmartre (Paris)	**25**
Kreuzberg (Berlin)	**20**
Quartier Latin (Paris)	**10**
Greenwich Village (New York)	**10**
Soho (London)	**6**
Manhattan (New York)	**5**
Schwabing (München)	**4**
Upper East Side (New York)	**2**
Hollywood (Los Angeles)	**12**

Marketingschöpfung als die Bekanntheit des Berliner Stadtviertels in Deutschland.

Zwischen dem Image der verschiedenen Vorbildstadtteile gibt es Überschneidungen. Vor allem Montmartre und Schwabing drücken Ähnliches aus (Bohème-Viertel), aber auch Greenwich Village, Soho und Kreuzberg überschneiden sich in ihren Eigenschaften. Im Prozess der Gentrifizierung innenstadtnaher Quartiere gibt es zudem eine mögliche Entwicklungsfolge von Kreuzberg zum Greenwich Village, von Montmartre zum Soho.

Stadtviertel	Inbegriff für
Bronx	**Problemviertel** Hoher Anteil - Wohnblöcke/sozialer Wohnungsbau -benachteiligte Bevölkerung Hohe Kriminalitätsrate Graffiti Verwahrlosung
Montmartre	**Künstler-(Maler-) viertel** (idealerweise an einem Hügel gelegen) auch Vergnügungs-/Rotlichtviertel
Kreuzberg	ehemaliges innenstadtnahes Arbeiterviertel mit alternat. Szene
Quartier Latin	**Uninahes Studentenviertel**
Greenwich Village	**Gentrifiziertes Künstler/Bohème-Viertel**, hoher Anteil von Yuppies/Schwulen
Soho	**Vergnügungsviertel**
Manhattan	**Wolkenkratzerviertel**
Schwabing	**Künstler/Bohème-Viertel**
Upper East Side	**Innerstädt. Reichenviertel**
Hollywood	**Filmproduktionscluster**

5.1 Bronx

Stadtteile mit dem Spitznamen Bronx in Deutschland

Stadt	Manchmal als ‚**Bronx**' tituliert
Berlin	**Neukölln**
Berlin	**Marzahn**
Bielefeld	**Stieghorst** ('Conti-Bronx')
Braunschweig	Weststadt
Bremen	**Tenever**
Bremerhaven	Bremerhaven (Bremer Sicht)
Dietzenbach	**Östliches Spessartviertel**
Duisburg	Marxloh
Duisburg	**Bruckhausen**
Düsseldorf	**Flingern**
Flensburg	**Blumenstrasse-Teichstr.-Mittelstr.**
Frankfurt	**Ahornstrasse (Griesheim)**
Hamburg	**Wilhelmsburg**
Hannover	**Vahrenheide-Ost**
Hannover	**Roderbruch** (‚Roderbronx')
Ingolstadt	**Piusviertel**
Karlsruhe	**Wacholderweg** ('Kirchfeld Bronx')
Köln	**Köln Ostheim**
Magdeburg	**Neu-Olvenstedt (90er Jahre)**
Mannheim	(Jungbusch, 90er Jahre)
München	**Hasenbergl**
Nürnberg	Gostenhof (einst)
Offenbach	**Offenbach** ('Frankfurt Bronx')
Ratingen	**Ratingen West**
Solingen	Hasseldelle

Klischee:
Glasscherben überall,
Leute pissen auf die Treppe,
Du weißt, es kümmert sie nicht,
Joseph Sadler, 1982

Der New Yorker Stadtbezirk Bronx gilt als Inbegriff eines Problemviertels mit verwahrloster Bausubstanz, hoher Kriminalität und hohem Anteil benachteiligter Gruppen.

Bronx ist der nördlichste New Yorker Stadtbezirk und hat heute etwa 1,3 Millionen Einwohner. Spanischsprachige Einwanderer aus Lateinamerika, vor allem aus Puerto Rico und der Dominikanischen Republik, machen etwa die Hälfte der Bevölkerung des Bezirks aus, Afro-Amerikaner ein Drittel. Nur etwa 15% der Einwohner sind nicht-spanischsprachige Weiße. Es gibt kaum Mittelschicht in diesem von Sozialwohnungs-Hochhäusern gekennzeichneten Viertel.

Von den 1960er bis in die 1980er Jahre war vor allem die South Bronx, einst ein jüdisches Viertel, Kriminalitätsschwerpunkt mit Drogenkultur und Raubüberfällen am helllichten Tag. Zum Verfall der South Bronx hat ausgerechnet ein Stadterneuerungsprojekt beigetragen. Der mächtige New Yorker Stadtplaner Robert Moses ließ durch das Viertel den 1963 eröffneten *Cross Bronx Expressway* bauen, wofür zahlreiche Häuser abgerissen wurden. Die Schnellstrasse zerschnitt und verlärmte das Herz der South Bronx. In den 1970er Jahren gab es in der Bronx viele Brandstiftungen, es hieß ‚*The Bronx is burning*'. Ausgebrannte Wohnblöcke trugen zu einer Atmosphäre einer von einem Krieg zerstörten Stadt bei. Seit den späten 1980er Jahren hat sich die Sicherheitslage des Viertels deutlich verbessert. Doch die Bronx gehört immer noch zu den ärmsten Quartieren Amerikas, die Hälfte der Bevölkerung hat ein Einkommen unterhalb der Armutsgrenze.

In Deutschland werden in vielen Städten Problemgebiete als ‚*Bronx von..*' bezeichnet, obwohl die Gebiete und ihre Probleme eigentlich zu klein sind, um mit der Bronx verglichen werden zu können. Nach der Wende provo-

zierten manche Plattenbauquartiere ostdeutscher Großstädte eine Bronx-Assoziation, so wurden Berlin-
Marzahn und Magdeburg Neu-Olvenstedt mit der Bronx
verglichen. Doch Plattenbausanierung, Abriss und Begrü-
nung haben dazu geführt, dass diese Stadtteile kaum
mehr mit der Bronx verglichen werden. Der drastische
Bevölkerungsrückgang und der geringe Migrantenanteil
haben auch in anderen Problemstadtteilen eine sozio-
kulturelle Entwicklung Richtung Bronx verhindert. So
wird das einst problematische Plattenbauviertel Halle-
Silberhöhe durch Abriss und Baumpflanzung zu einer
Waldstadt entwickelt. In den letzten zwei Jahrzehnten hat
die demographische Entwicklung eher westdeutschen
Stadtteilen den Bronx-Vergleich beschert. In West-Berlin
wird mittlerweile Neukölln mit seinem hohen arabischen
und türkischstämmigen Bevölkerungsanteil mit der
Bronx verglichen. Dazu beigetragen hat im März 2006
ein Brandbrief von Lehrern der Rütli-Hauptschule, die
um die Auflösung der Schule baten, da sie der Gewalt
durch Schüler nicht mehr Herr wurden. Nur 17% der
Schüler der Rütli-Schule sind Deutsche, über 80% haben
einen Migrationshintergrund.
Als *Bronx Hamburgs* gilt der Stadtteil Wilhelmsburg,
eine Elbinsel mit 50 000 Einwohnern. Der Migrantenanteil Wilhelmsburgs betrug im Jahr 2005 34%, der
Anteil sozial schwacher Bevölkerung ist überproportional
hoch. Wilhelmsburg ist allerdings durch seine Größe und
Lage ein städtebaulich heterogenes Viertel. Neben Wohnblöcken des sozialen Wohnungsbaus gibt es Mittel-
schicht-Einfamilienhausgebiete. Zurzeit versucht die
Internationale Bauausstellung (IBA) Hamburg Wilhelmsburg architektonisch aufzuwerten.
Als Bronx Münchens (dort sagt man eher Scherbenviertel) galt lange das Hasenbergl am Nordrand der Stadt.
Dieses Sozialwohnungsviertel litt lange an schlechter

Verkehrsanbindung und fehlenden Geschäften. Mittlerweile gibt es U-Bahnanschluss und ein Einkaufszentrum. An einem Naturschutzgebiet entstanden neue Wohnquartiere, die eine bessere soziale Durchmischung brachten.

Während das Hasenbergl an einer Heide liegt, ist Hannovers Stadtteil Vahrenheide auf einer Trockenheide angelegt worden. Hier, am unattraktiven Nordrand der Stadt in der Nähe von Flughafen, Kanal, Schienenstrecken- und Autobahn, wurden in den 1970er Jahren viele Hochhäuser des sozialen Wohnungsbaus errichtet. Das Viertel wurde in den folgenden Jahrzehnten zu einem der sozialen Brennpunkte Hannovers. Mittlerweile werden die ersten Hochhäuser bereits wieder abgerissen und stattdessen Reihenhäuser errichtet.

Mit dem Roderbruch (,*Roderbronx*') im Stadtteil Heideviertel trägt ein weiteres, allerdings kleineres Hochhausviertel Hannovers den Spitznamen Bronx. Auch in Bremen versucht man den örtlichen Hochhausstadtteil Tenever (Bronx Bremens) durch Abriss zu höherer Wohnqualität zu verhelfen. Manchmal wird ganz Bremerhaven wegen seiner Strukturschwäche (halb scherzhaft) als Bronx bezeichnet, nach spektakulären Architekturprojekte jedoch auch als ,*Dubai an der Nordsee*'.

Eher berechtigt ist der Bronx-Vergleich für die Ahornstrasse in Frankfurt-Griesheim, dem laut Aussage der Frankfurter Polizei in einem Focus-Artikel ,schlimmsten sozialen und kriminellen Brennpunkt der Stadt'. ,Ahornstraße, hohe Nummer' sei in Frankfurt ein ,Kainsmerkmal'. Ein Jugendlicher, der mit diesem Stempel kommt ,habe keine Chance auf eine Lehrstelle. 100 bis 130 Problemfamilien lebten in und um 3 Störerblöcke, die als letzte Adresse gelten, für Bewohner, die woanders als sozial auffällig galten und ,störten'. Auf engstem Raum zusammengepfercht legten dann die Kinder der ,Störer' erst richtig los.'

Eher scherzhaft ist die Bezeichnung ‚Frankfurt Bronx' für die Frankfurter Nachbarstadt Offenbach, lange ein Rivale der Mainmetropole.

Der Stadtteil Köln-Ostheim gilt wegen einer Hochhauszeile in der Gernsheimer Straße, die einen sozialen Brennpunkt darstellt, als *Bronx von Köln*.

Erstaunlicherweise gibt es im Ruhrgebiet nur in Duisburg so genannte Bronxen (Marxloh und Bruckhausen). In Bruckhausen stehen etwa ein Drittel der Wohnungen und Läden leer. Es gibt Pläne, ganze Straßenzüge abzureißen und Parks anzulegen. Für Marxloh ist der Bronxvergleich weniger angebracht. Der Stadtteil hat einen sehr hohen Migrantenanteil, die türkische Bevölkerung Marxlohs zeigt jedoch relativ intakte soziale Strukturen und Unternehmergeist.

Nördlich des Ruhrgebietes findet sich in Bielefeld mit der *Conti-Bronx* ein eher kleines Problemgebiet. Zur Conti-Bronx gibt es eine eigene Webseite (www.contibronx.de), die von meist ausländischen Jugendlichen eingerichtet wurde und in der ein gewisser Stolz auf diesen Stadtteil und Heimatgefühle ihm gegenüber aufscheinen. Betrachtet man die Bilder auf dieser Webseite, so scheint es fast, dass der Abriss etwa des höchsten Wohnblockes der Conti-Bronx den Bewohnern den Verlust eines lieb gewonnenen Wahrzeichens bedeuten würde.

Als Bronx, die keine mehr ist, kann das ‚Glasscherbenviertel' Gostenhof in Nürnberg gelten. Heute wird es eher als *Kreuzberg Nürnbergs* denn als Bronx gesehen. Ähnliches gilt für das Jungbusch-Quartier am Mannheimer Hafen. Keine richtige Bronx hat auch Stuttgart, auch wenn der Norden der Stadt als weniger attraktiv gilt. Hier ist der Anteil der Bevölkerung mit Migrationshintergrund hoch, aber die Arbeitslosigkeit ist niedrig und die Siedlungsstruktur eher kleinteilig.

Die Bronx in Italien

Stadt	Als ‚**Bronx**‘ tituliertes Stadtviertel
Bologna	Montagnola
Mailand	**Quarto Oggiaro**
Padua	Via Cairoli
Palermo	**Zen (Zona estensione nord)**
Parma	Cia Trento-Via Palermo
Neapel	**Scampia und Secondigliano**
Rom	**Residence Bastoggi**
Venedig	Santa Marta

Ähnlich wie in Deutschland ist man in Italien mit dem Bronx-Vergleich schnell zur Hand.

In Norditalien ist die Politik seit dem Erfolg der Lega Nord weniger tolerant gegenüber Migranten. Konzentrieren sich etwa afrikanische Migranten in bestimmten Straßen, geht man schnell von einer Drogenszene aus und bemüht den Bronx-Vergleich. So etwa in sonst eher beschaulichen Städten wie Padua oder Parma. Andererseits gibt es Viertel, vor allem in den Millionenstädten, für die der Bronx-Vergleich nicht ganz abwegig ist. Dies trifft vor allem für die Stadtviertel Scampia (80 000 Einwohner) und Secondigliano (55 000) an der Nordperipherie Neapels zu. In Scampia sind 61% der Bevölkerung arbeitslos, in Secondigliano 55%. Scampia hat den Beinamen ‚Paradies der Drogen‘ und liegt in Europa angeblich an erster Stelle, was die Mengen der verkauften Drogen betrifft. Teile Secondiglianos haben wegen des desolaten Zustandes der Wohnblöcke den Beinamen ‚Dritte Welt‘. Beide Stadtteile werden zudem von der Camorra beherrscht. Der 2008 erschienene italienische Spielfilm ‚*Gomorrah - Reise in das Herz der Camorra*‘, Vorlage war ein Buch von Roberto Saviano, wurde an Originalschauplätzen in Secondigliano gedreht und zeigt ein schockierendes Umfeld.

Die Bronx in Europa

Stadt	Als ‚**Bronx**‘ tituliertes Stadtviertel
Barcelona	**La Mina**
Bratislava	**Petrzalka** ('Plattenbau-Bronx')
Brno (Brünn)	**Cejl** und **Zabdrovice**
Budapest	**8. Bezirk**
Bukarest	**Ferentari**
Kosice	**Lunik IX** (‚Slowakische Bronx‘)
London	(Brixton)
Madrid	Nordseite d. Gran Via ('kleine Bronx')
Paris	Barbès (einst)
Prag	**Zizkov**
Split	Split ('South Bronx Kroatiens')
Warschau	**Praga**

In Westeuropa werden überraschend wenig Stadtviertel als Bronx tituliert, obwohl es durchaus Problemviertel gibt, so etwa in vielen Vorstädten französischer Metropolen. In Paris galt das Viertel Barbès im Osten der Stadt früher ein bisschen als Bronx, heute zählt es bereits eher zu den In-Vierteln. Zur einstigen Verknüpfung mit der Bronx trug im Jahre 2000 der Film *Bronx-Barbès* aus der Elfenbeinküste bei. In diesem Film sind jedoch zwei Stadtteile von Abidjan gemeint.

Auch in Großbritannien gibt es heute keinen Stadtteil, der direkt mit der Bronx verglichen wird. Hier kam es bereits früher als in anderen europäischen Ländern zu Problementwicklungen innerstädtischer Viertel. Hier hat man entsprechende Probleme allerdings auch früher angepackt. Eine relativ hohe Eigentümerquote verhindert zudem Verwahrlosungstendenzen. In London wird am ehesten noch Brixton mit der Bronx verglichen. Es gibt einen brasilianischen Rapsong ‚*Brixton, Bronx ou Baixada* (ein Viertel Rios). Fast als Synonym für ein Problemviertel gilt *Moss Side* in Manchester.

In Osteuropa legt die Optik großer Plattenbauquartiere den Bronx-Vergleich nahe. So hat das Plattenbau-Viertel Petrzalka in Bratislava den Spitznamen *‚Plattenbau-Bronx'*. Allerdings entspricht die Sozialstruktur dieses Viertels, wie oft in Osteuropa, nicht unbedingt der Bronx: der Bildungsstand der Bevölkerung ist hoch, die Arbeitslosenquote ist niedrig, der Anteil von Migranten gering. Eher berechtigt ist der Spitzname *‚Slowakische Bronx'* für Lunik IX, ein Plattenbauvorort von Kosice, in dem fast ausschließlich Roma leben, die zudem fast alle arbeitslos sind. Hoch ist der Anteil der Roma-Bevölkerung auch in Ferentari, dem Problemviertel von Bukarest. In manchen Straßenzügen Ferentaris zapfen über 80% der Einwohner das Bukarester Stromnetz illegal an, mehr als 60% haben keinen Anschluss ans Abwassernetz. Verglichen damit geht es im Viertel Zizkov in Prag und in Praga in Warschau fast gemütlich zu. Beide Viertel entwickeln sich denn auch bereits eher in Richtung Szene und In-Viertel als zur Bronx.

Die Bronx in anderen Kontinenten

Stadt	Als ‚**Bronx**' tituliertes Stadtviertel
Bogota	Östl. Innenstadt
Buenos Aires	Ciudadela-Fuerte Apache
La Paz	**El Alto**
São Paulo	(Cracolandia, =Crack land)
Mexico City	**Tepito**
Montreal	Nordosten, Nordwesten
Johannesburg	**Hillbrow**

Außerhalb Europas wird der Bronx-Vergleich am ehesten in lateinamerikanischen Städten bemüht. In São Paulo heißt ein von Drogensüchtigen bewohnter berüchtigter Hochhauskomplex in der Innenstadt allerdings nicht Bronx, sondern *Cracolandia*, Crack-Land, also.

5.2 Montmartre (Paris)

Stadt	‚Montmartre' der Stadt
Deutschland	
Berlin	Prenzlauer Berg
Berlin	Soldiner Kiez
Dresden	Neustadt
Freiburg	**Stühlinger**
München	**Schwabing** (ehemals)
Wuppertal	**Ölberg** (Elberfelder Nordstadt)
Europa	
Barcelona	**Avenida Paralelo** (Straße)
Belgrad	**Skadarlija**
Budapest	**Szentendre** (Vorort)
Kiew	**Andriyivsky Uzviz** (Straße)
Krakau	Kazimierz
Lissabon	Alfama
Ljubljana	**Krakovo** (einst)
London	Camden
Lüttich	Rue Naimette
Mailand	**Navigli**; Brera
Moskau	**Arbat**
Prag	Zizkov
Rom	San Lorenzo; Via Margutta
Tiflis	Chardin, Bambis Rgi (Straßen)
Vilnius	**Uzupis**
Warschau	Praga
Wien	**Spittelberg** (ehemals)
Amerika	
Montreal	Plateau Mont Real
Rio de Janeiro	**Santa Teresa**

Montmartre war einst ein am gleichnamigen Hügel gelegenes Dorf im Norden von Paris, in welchem Wein angebaut wurde. Der *Butte Montmartre* ist die höchste natürliche Erhebung im Pariser Raum und so führten Verkehrswege um ihn herum. Als Baron Haussmann großzügige Boulevards durch Paris ziehen und alte Häuser abreißen ließ, gehörte Montmartre noch nicht zu Paris und wurde davon verschont. Montmartre blieb preiswert und zog deshalb in der zweiten Hälfte des 19. Jahrhunderts viele Künstler an. Hier lebten unter anderem Renoir, van Gogh, Toulouse-Lautrec, Picasso und Braque. Im 20. Jahrhundert verlagerte sich die Malerszene allerdings nach Montparnasse, wo die moderne Malerei entstand. Am Fuße des Montmartre entstand gleichzeitig um die Place Pigalle ein Rotlichtviertel.

Heute residieren keine international bekannten Maler mehr in Montmartre, aber das zum 18. Pariser Arrondissement gehörende Stadtviertel ist immer noch Inbegriff eines Künstlerviertels (teilweise auch eines Vergnügungsviertels).

Vor dem Ersten Weltkrieg galt Schwabing als das ‚bayerische Montmartre‘. In den 1920er Jahren wurde der Stadtteil Stühlinger, wegen zahlreichen Künstlerateliers in der Egonstraße, auch als ‚Freiburger Montmartre‘ bezeichnet. Sogar Wuppertal hat sein Montmartre - der Ölberg in der Elberfelder Nordstadt. Groß ist die Künstlerzahl hier nicht, dieses Montmartre liegt aber zumindest an einem Hügel. Die Topographie stimmt auch im Skadarlija-Viertel in Belgrad, am Andreas-Steig in Kiew und in Santa Teresa in Rio. Einen Hügel gibt es auch im Wiener Stadtteil Spittelberg, doch Künstler leben in diesem ehemaligen ‚Montmartre Wiens‘ kaum mehr. Als ‚Montmartre an der Donau' gilt denn auch nicht Wien, sondern - seit sich in diesem Ort bei Budapest 1926 eine Künstlerkolonie angesiedelt hat - Szentendre.

5.3 Kreuzberg

Stadt	‚Kreuzberg' der Stadt
Deutschland	
Berlin	**Prenzlauer Berg**
Berlin	Friedrichshain (Boxhagener Kiez)
Dortmund	**Nordstadt**
Dresden	**Neustadt**
Mannheim	Jungbusch
Nürnberg	**Gostenhof** (‚Klein-Kreuzberg')
Hamburg	**Schanzenviertel**
Hannover	**Linden**
Leipzig	**Connewitz, Lindenau**
Bremen	**Walle** (‚Klein Kreuzberg')
Rhein-Main	Offenbach
Duisburg	Marxloh
Saarbrücken	**Nauwiesener Viertel**
Europa	
Kopenhagen	**Nörrebro**
Oslo	Grünerlokka
Prag	**Prag 5**
Vilnius	**Uzupis**
Wien	Stuwerviertel
Welt	
New York	East Village (ehemals)

Zu Zeiten der deutschen Teilung hatte Westberlin einen Sonderstatus. Deutsche mit Hauptwohnsitz in Westberlin konnten nicht direkt an den Bundestagswahlen teilnehmen, waren andererseits aber von der Wehrpflicht befreit. Die Tatsache, dass keiner zur Bundeswehr musste, lockte zahlreiche junge Aussteiger aus Westdeutschland in die eingemauerte Stadt, in der zudem Wohnraum preiswert zu finden war. Vor allem ins zentral gelegene, aber durch die Mauer in eine Randlage geratene Kreuzberg zog ein bunter Bohème-Mix junger Erwachsener, die vor der Spießigkeit westdeutscher Kleinstädte flohen. Der Postzustellbezirk SO 36 galt als Zentrum der Szene. Der andere Teil von Kreuzberg hatte den Code SW 61 und zeitweise galt der Spruch ‚*SO 36 rennt, SW 61 pennt*‘. Am 1. Mai kam es in SO 36 regelmäßig zu Straßenschlachten mit der Polizei, auch heute werden an diesem Tag Autos abgefackelt.

Mit dem Fall der Mauer im November 1989 gelangte Kreuzberg von einer Randlage innerhalb Westberlins in eine Zentrallage in der vereinten Stadt. Doch da es in Berlin an entsprechender Wirtschaftskraft fehlte, kam es nur begrenzt zu einer Gentrifizierung und Aufwertung des Stadtteils. Gleichzeitig wuchs durch Einwanderung und hohe Geburtenraten der Anteil vor allem türkischstämmiger Migranten. Ein Teil des Szene verlagerte sich zudem in den Prenzlauer Berg, das *Kreuzberg Ostberlins*. Später entwickelten sich auch Teile von Friedrichshain (Boxhagener Kiez), zu einem *Kreuzberg des Ostens*.

Zu den Stadtteilen in anderen deutschen Städten, welche mit Kreuzberg verglichen werden, gehören die Innere Neustadt in Dresden, Connewitz in Leipzig, das ehemalige Arbeiterviertel Walle in Bremen (‚*Klein Kreuzberg an der Weser*), das Nauwiesener Viertel in Saarbrücken (‚Klein-Kreuzberg‘), die Dortmunder Nordstadt und Hannover-Linden. In Hamburg weist das Schanzenviertel Merkmale von Kreuzberg auf. In Wien gilt das Stuwerviertel als im Kommen, trotz seiner wachsenden Rotlichtszene, und wird teilweise mit Kreuzberg verglichen. Als Kreuzberg-ähnliche Viertel in europäischen Großstädten gelten Norrebrö (Kopenhagen), Prag 5 und Uzupis in Vilnius. Das East Village New Yorks hatte einst einen ähnlichen Charakter und wird noch als Synonym für einen alternativen Stadtteil verwendet (zum Beispiel Vesterbro als East Village von Kopenhagen).

5.4 Quartier Latin (Paris)

Stadt	‚**Quartier Latin**‘ genannte Viertel
Köln	**Univiertel ('Kwartier Latäng')**
Berlin	Nördl. Friedrichstraße
München	Schwabing, Maxvorstadt
Antwerpen	**Univiertel**
Lüttich	**L'Ile (Univiertel)**
Krakau	**Univiertel**
Kopenhagen	**Vesterbro**
Rom	**San Lorenzo**
Quebec	**Rue St. Jean**
Montreal	**Viertel um die Rue St. Catherine**

Das *Quartier Latin* ist das traditionelle Studentenviertel von Paris. Weil Studenten und Professoren dort früher in der einstigen Lingua Franca des Hochschulwesens Latein kommunizierten, kam es zum Namen dieses unscharf abgegrenzten Stadtgebietes um die berühmte Sorbonne-Universität. Das *Quartier Latin* deckt sich nicht mit den Grenzen eines Pariser Arrondissements, hängt aber, da südlich (links) der Seine, mit den Begriffen *Rive Gauche* (in Amerika sagt man auch *Left Bank*) zusammen.

Quartier Latin gilt als Synonym für ein innerstädtischen Studentenviertel (einer Großstadt) und entsprechend wird der Ausdruck auf andere Städte angewandt. In Köln wurde der Begriff sogar zum *Kwartier Latäng* für das dortige Univiertel eingekölscht. In München galt einst Schwabing as Quartier Latin, wegen hoher Mieten ist dort die Konzentration von Studenten allerdings heute nicht besonders hoch, auch liegen wichtige Unigebäude nicht in Schwabing, sondern in der Maxvorstadt. In Berlin hieß die nördliche Friedrichstraße früher im Volksmund *Quartier Latin*, weil in einem Haus ein Durchgang zum ‚*Hospice pour les enfants de l'eglise du refuge*‘war, was zwar französisch ist, aber den Bezug zu Paris herstellt.

5.5 Greenwich Village (New York)

Stadt	‚Greenwich Village' der Stadt
Europa	
Kopenhagen	**Nyhavn**
Oslo	**Grünerlokka**
Stockholm	Södermalm
Nordamerika	
Toronto	The Village (einst)
Montreal	**Le Village**
Lateinamerika	
Buenos Aires	**San Telmo**
Mexico City	**Zona Rosada**
Santiago (Chile)	Barrio Brasil
São Paulo	Moema, Vila Madalena
Australien	
Sydney	Paddington

Greenwich Village ist ein Künstler- und Szeneviertel von Manhattan und beliebte Wohngegend mit vielen Bars, Restaurants und Theatern. Greenwich Village ist auch ein Lesben- und Schwulenstadtviertel. Die Christopher Street, wo im Juni 1969 der *Stonewall-Aufstand* stattfand und nach welcher die Gay-Parade *Christopher Street Day* benannt wurde, verläuft durch das Viertel. Greenwich Village ist zudem Standort wichtiger Jazzclubs. Greenwich Village steht damit für ein gehobenes innerstädtisches Szeneviertel. In den USA fehlt es vielen Großstädten an Urbanität, ein mit Greenwich Village vergleichbares Stadtviertel ist in Nordamerika am ehesten noch in Montreal (le Village) zu finden. Ehemals ähnliche Viertel in San Francisco (Mission District), Chicago (Old Town) und Toronto (The Village) haben diesen Charakter mittlerweile wieder verloren.

<u>5.6 Manhattan (New York)</u>

Stadt/Stadtteil	‚Manhattan '
Frankfurt	*Mainhattan*
Kiel-Mettenhof	*Mainhattanhof*
Chongqing	*Manhattan am Yangtse*
Moskau-City	*Russisches Manhattan*
Rotterdam	*Manhattan an der Maas*
San Gimignano	*Manhattan des Mittelalters*
Shibam	*Manhattan in der Wüste*

Der New Yorker Stadtteil Manhattan ist Inbegriff einer dichten Wolkenkratzerkulisse. Hier leben auf der gleichnamigen, etwa 3 km breiten und 20 km langen Insel 1,6 Millionen Menschen (mehr als 27 000 pro Quadratkilometer). Auch Millionäre wohnen hier in Hochhäusern. Insgesamt gibt es 5000 Hochhäuser in Manhattan und lange war New Yorks Skyline einzigartig. Ansammlungen von Hochhäusern in anderen Gegenden werden deshalb manchmal mit Manhattan verglichen. In Deutschland sind Bürohochhäuser eher selten. In den 1970er Jahren reichten deshalb in Frankfurt bereits ein paar Banktürme zum Beinamen *Mainhattan.*

In der toskanischen Kleinstadt San Gimignano versuchten sich ansässige Familien im Mittelalter in der Höhe ihrer Wohntürme gegenseitig zu übertrumpfen. So entstanden 72 Geschlechtertürme, von denen heute noch 15 stehen. Wegen dieser Geschlechtertürme führt San Gimignano den Beinamen *Manhattan des Mittelalters.*

Wegen ihrer dicht an dicht stehenden, bis zu 9-stöckigen und 30 Meter hohen Lehmhäuser hat die jemenitische UNESCO-Welterbestadt Stadt Shibam (8000 Einwohner) den Beinamen *Manhattan der Wüste.* Wie in New York am Hudson stehen in der chinesischen Millionenstadt Chongqing, dem *Manhattan am Yangtse,* die Wolkenkratzer dicht gestaffelt vor einer Flusskulisse.

5.7 Upper East Side (New York)

Stadt	‚Upper East Side' der Stadt
London	Belgravia, Kensington-Chelsea
Paris	16. Arrondissement

Die Upper East Side, der Nordosten Manhattans, ist die exklusivste Gegend New Yorks. Dieses Viertel liegt zwischen Central Park und East River und zwischen der 59. und 96. Straße. Die Museumsmeile New Yorks liegt in der Upper East Side. Nirgendwo in den USA sind die Immobilienpreise höher als hier. Die Upper East Side wird wegen ihrer wohlhabenden Bevölkerung auch *Silk Stocking District* (Seidenstrumpfviertel) genannt. Das Stadtviertel diente Filmen und Serien wie *Frühstück bei Tiffany* und *Sex and the City* als Kulisse.

Als Upper East Side Londons gelten die wohlhabenden Stadtteile Kensington und Belgravia. Das 16. Arrondissement gilt als Upper East Side von Paris.

In Berlin gibt es kein innenstadtnahes Viertel, das exklusiv genug wäre, mit der Upper East Side verglichen werden zu können. Trotzdem taucht der Begriff im Zusammenhang mit Immobilienprojekten im Ostteil der Stadt (der ja auch eine East Side ist) immer wieder auf, zum Beispiel für ein Projekt an der Friedrichstrasse, Ecke Unter den Linden.

Auch im aufstrebenden Shanghai werden exklusive innerstädtische Apartmenthochhäuser unter dem Namen Upper East Side vermarktet.

5.8 Soho (London)

Stadt	‚**Soho**' der Stadt
Istanbul	**Taksim-Beyoglu**
Krakau	Kazimierz
Stockholm	**Sofo** (Teile Södermalms)
Warschau	Praga (künftig)
Mexico City	**Roma und Condesa**
São Paulo	Rua Augusta, Rua Frei Caneca

Soho ist ein zentrumsnaher Stadtteil im Londoner Westend. Seinen Namen verdankt Soho einem Jagdruf, denn einst war Soho ein kleines Dorf vor den Toren der Stadt. Soho fungiert mit seinen vielen Pubs, Bars und Erotikshops als Vergnügungsviertel. Außerdem gilt Soho als Lesben- und Schwulenviertel und wegen der innerstädtischen Lage gibt es zudem gute Einkaufsmöglichkeiten. In New York gibt es zudem ein Szeneviertel namens SoHo (South of Houston Street). Soho steht, auf andere Städte übertragen, für ein (innerstädtisches) Vergnügungsviertel, teilweise auch für ein Viertel, welches Einkaufen und Ausgehen gleichzeitig ermöglicht. In diesem Sinne wird es zum Beispiel auf den Stockholmer Stadtteil Södermalm angewandt, das sich in den letzten Jahren zu einem Trendviertel gemausert hat, vor allem ein *Sofo* (*Söder om Folkungatan*) genannter Bereich des Viertels. Noch berechtigter ist der Soho-Vergleich für das Istanbuler Stadtviertel Beyoglu, wo auf der Fußgängerzone Istiklal bis zum Taksim-Platz auch nach Mitternacht noch reges Treiben herrscht. Für Warschau wird erwartet, dass sich der noch schäbige Stadtteil Praga langfristig zu einer Art Soho entwickeln könnte. Heute schwankt die Gegend noch zwischen Bronx und Kreuzberg, hat aber bereits die besten Bars und Jazzkneipen der Stadt. In München kommt die Leopoldstrasse nachts Soho am nächsten.

5.9 Schwabing (München)

Stadt	‚Schwabing' der Stadt
Stuttgart	Westen
München	Haidhausen
München	Gärtnerplatzviertel
Belgrad	Skadarlija

Schwabing gilt als *‚Münchens schönste Tochter'* und wurde zu Bohème-Zeiten auch *Wahnmoching* genannt. Um 1900 war der 1890 zu München eingemeindet Stadtteil Schwabing ein Bohème Viertel der Maler und Literaten. Hier verkehrten unter anderem die Maler Ludwig Kirchner, Paul Klee, Lovis Corinth, Franz Marc und Wassily Kandinsky. Zu den bekannten Schriftstellern, welche in Schwabing lebten, gehören Ludwig Ganghofer, Christian Morgenstern, Lion Feuchtwanger, Rainer Maria Rilke, Joachim Ringelnatz, Oskar Maria Graf, Ludwig Thoma und zeitweise auch Thomas und Heinrich Mann. Auch Gräfin Reventlow lebte dort und meinte damals, Schwabing wäre ein Zustand, kein geographischer Begriff. Mit dem 1. Weltkrieg fand die Schwabinger Bohème-Szene ein Ende. Schwabing zehrte jedoch noch lange vom Bohème-Ruf. Allerdings haben die hohen Mietpreise dazu geführt, dass von einer Bohème heute nicht mehr viel zu spüren ist. Auch als Szene-Viertel kann Schwabing nicht unbedingt gelten, ist aber durch seine Nähe zur Uni und zum Englischen Garten weiterhin beliebt. Als zweites Schwabing (im Sinne des heutigen Schwabing) gelten in München heute Haidhausen und das Gärtnerplatzviertel. In Stuttgart wird der Westen der Stadt manchmal mit Schwabing verglichen. Als, im früheren Sinne, ‚Schwabing Belgrads' gilt das kleine Skadarlija-Viertel in der Altstadt der serbischen Hauptstadt, wo einst etliche Schriftsteller und Maler wohnten.

5.10 Grinzing (Wien)

Stadt	‚Grinzing' der Stadt
Bratislava	Raca
Koblenz	Winningen (eigene Gemeinde)
Radebeul	Alt-Kötzschenbroda
Stuttgart	Rotenberg, Uhlbach
Trier	Olewig
Wiesbaden	Frauenstein
Würzburg	Randersacker (eigene Gemeinde)

Das 1892 zu Wien eingemeindete am Wienerwald gelegene Weindorf Grinzing ist für seine *Heurigen* bekannt. Heuriger ist der heuerige, also diesjährige (junge) Wein und Weinlokale, welche ihn ausschenken werden ebenfalls Heuriger genannt. Grinzing ist im deutschsprachigen Raum ein Inbegriff für ein großstadtnahes Weindorf mit Weinverköstigung.

Auch in Stuttgart (‚Stadt zwischen Hängen und Reben') wird Wein angebaut. Als ‚Grinzing Stuttgarts' gelten gleich zwei Weindörfer: Rotenberg (schwäbisches Grinzing) und Ulbach.

Auch Wiesbaden (Frauenstein) und Trier (Olewig) haben Weindörfer im Stadtgebiet. In Koblenz (Winningen), Würzburg (Randersacker) und Dresden (Alt-Kötschenbroda, das ‚sächsische Grinzing') liegen die ‚Grinzings' der Stadt jedoch außerhalb der Stadtgrenzen.

In der unweit von Wien gelegenen slowakischen Hauptstadt gilt Raca als Grinzing Bratislavas (bzw. Pressburgs).

Filmproduktion	Hollywood-Spitzname
Indien, Pakistan	
Bombay	Bollywood
Westbengalen	Tollywood
Andrha Pradesh	Tollywood
Sindhi	Sollywood
Peshawar	Pollywood
Lahore	Lollywood
Europa	
Buftea/Bukarest	Buftywood
München	Mollywood
Zürich-Wollishofen	Wollyhood
Afrika	
Nigeria	Nollywood
Nordamerika	
Columbus/Ohio	Somaliwood
Wilmington	Wilmywood, Hollywood East
Vancouver	Brollywood

Hollywood, ein Stadtteil von Los Angeles mit 170 000 Einwohnern, steht auch als Synonym für die amerikanische Filmproduktion. Ab 1910 entwickelte sich hier eine Filmindustrie, wozu auch das Klima und die guten Lichtverhältnisse beitrugen. Filmindustrien an anderen Standorten werden oft mit an Hollywood angelehnten Bezeichnung versehen. Bekanntestes Beispiel ist die indische Filmindustrie in Bombay (heute Mumbai), die als *Bollywood* einen weltweiten Siegeszug angetreten hat. Heute produziert Bollywood mehr Filme als der US-Konkurrenzstandort. Im Jahr 2002 wurden 3.6 Milliarden Eintrittskarten für Bollywood-Filme, aber nur 2.6 Milliarden für Hollywood-Filme verkauft. Kleinere indische Filmstandorte sind *Tollywood* und *Sollywood* (Sindhi-

Filme). Auch im benachbarten Pakistan werden Filmindustriecluster nach Hollywood benannt. Dort gibt es in Peshawar unweit der afghanischen Grenze eine Filmproduktion in paschtunischer Sprache (*Pollywood*), deren Produktion auch in Afghanistan gezeigt wird. Lahores Filmindustrie wird wiederum *Lollywood* genannt.

Ein wichtiger afrikanischer Filmstandort ist Lagos in Nigeria. Was die Zahl der produzierten Filme betrifft, steht Nigeria an dritter Stelle weltweit, für die nigerianische Filmindustrie, führend in Afrika, steht der Begriff *Nollywood.*

In Somalia werden aufgrund der Sicherheitslage keine Filme produziert, aber 45 000 somalische Emigranten haben sich im Raum Columbus/Ohio angesiedelt. Dort ist *Somaliwood,* eine kleine somalischsprachige Filmindustrie entstanden.

Eher selten wird der Filmstandort München als Mollywood bezeichnet. So heißt manchmal auch Mode für fülligere Figuren.

Die rumänische Filmproduktion befindet sich seit ein paar Jahren im Aufschwung und hat bereits etliche internationale Preise gewonnen. Zudem sind bereits Hollywoodfilme aus Kostengründen teilweise in Rumänien gedreht worden. Vor den Toren von Bukarest befindet sich dafür mit Buftea ein wichtiges Produktionsstudio, welches im Volksmund manchmal als *Buftywood* bezeichnet wird.

Auch in Kanada fand die US-Filmindustrie bereits kostengünstige Produktionsalternativen. Wegen des regnerischen Wetters (brolly) sagt man zur Filmproduktion in Vancouver auch *Brollywood.*

In Wilmington im Bundesstaat North Carolina werden ebenfalls Filme produziert, deshalb der Beiname *Wilmywood.*

6. Klein...

6.1 Klein-Venedig

Als Klein-Venedig gelten vor allem Stadtviertel, deren Wasserläufe eng mit der Bebauung verzahnt sind, wo Altstadtgebäude also dicht am Wasser stehen und wo man von Brücken so ein Ensemble betrachten kann. Früher gab es mehr kleinere Wasserläufe in der Stadt als heute, denn diese dienten teilweise als Transportwege, als Energielieferanten (Mühlen), als Verteidigungslinien, Löschwasserlieferanten und sogar auch als Nahrungsquellen (Fische). Im Zeitalter der Industrialisierung wurden jedoch viele innerstädtische Wasserläufe aus Hygiene- und Platzmangelgründen verrohrt und unter die Erde gelegt. In Deutschland haben etwa 20 Städte ein Klein-Venedig. Am bekanntesten ist dasjenige von Bamberg. Die Bezeichnung ‚Klein-Venedig' für die Fachwerk-Fischersiedlung am östlichen Ufer der Regnitz in Bamberg wurde bereits 1842 durch zwei Journalisten im *‚Handbuch für Reisende auf den Mond'* geprägt. Auch die niedersächsische Residenzstadt Wolfenbüttel hat ein *Klein-Venedig*. Hier gab es einst ein von Holländern angelegtes umfangreiches Grachtensystem. Davon sind heute allerdings nur noch Reste erhalten. In Salzwedel (Sachsen-Anhalt) säumten hoch aufragende Backsteinhäuser innerstädtische Wasserwege, weshalb die Stadt auch als Klein-Venedig bezeichnet wurde. In Augsburg gibt es ein Bächesystem in der Innenstadt, welches ebenfalls *Klein-Venedig* heißt. Und auch noch auf andere Weise ist Augsburg mit Klein-Venedig verbunden. Die reiche Augsburger Familie der Welser finanzierte Amerikaexpeditionen unter Kaiser Karl V. und dieser überließ ihr dafür 1528 die Nutzung Venezuelas. Venezuela heißt wiederum übersetzt ‚Klein-Venedig'.

Stadt	Klein-Venedig (fett = bekannte)
Deutschland	
Augsburg	Bächeviertel in der Innenstadt
Bad Langensalza	Häuser am Mühlgraben
Bad Sooden-Allendorf	Fischerstad an der Werra
Bad Kreuznach	Nahe-Ellerbach-Zusammenfluss
Bamberg	Fischerviertel an der Regnitz
Balingen	Viertel an der Eyach
Berlin	Viertel in Spandau (Tiefwerder)
Berlin	Viertel in Köpenick
Erfurt	Augustinerstraßenviertel
Esslingen	Viertel am Kesselwasen
Gemünden	Am Mühlgraben
Göppingen	Gerberviertel am Mühlbach
Hagen-Hohenlimburg	Häuserzeile an der Lenne
Horb am Neckar	Mühlkanal
Konstanz	Innenstadtgebiet am Bodensee
Lehde	Dorf im Spreewald
Leipzig	Karl-Heine-Kanal in Plagwitz
Nabburg	Vorstadt an der Naab
Nordhorn	Vechte-Kanäle
Marburg	Lahn bei Weidenhausen
Salzwedel	Ganze Stadt
Ulm	Fischerviertel
Wolfenbüttel	Gebiet in der Innenstadt
Europa	
Amiens (F)	St.Leu-Viertel
Bromberg/Bydgoszcz	Viertel am Ufer der Brda
Colmar	Gebiet in der Innenstadt
Kiew	Rusanivka Sady
London	Gegend am Regent's Canal
Oppeln	Gebiet an der Oder
Mykonos	Stadtteil am Wasser
Prag	Certovka (Teufelsbach)

6.2 Klein-Istanbul

Stadt	Klein-Istanbul
Deutschland	
Berlin	Kreuzberg, Teile Neuköllns
Bremen	Gröpelingen
Duisburg	Marxloh, Bruckhausen
Hamburg	Teile Altonas
Kiel	Gaarden
Köln	Keupstrasse in Köln-Mülheim
Köln	Ehrenfeld; Eigelstein
Mannheim	Neckarstadt-West, Jungbusch
Nürnberg	Gostenhof
Remscheid	Honsberg
Europa	
Wien	Brunnenmarkt (Ottakring, 16. Bezirk)
Basel	Klein-Basel
Brüssel	Schaerbeek/St. Josse ('Kleine Türkei')
Linz	Neustadt
Paris	10. Bezirk ('Petite Turquie')

Als Klein-Istanbul werden in Deutschland Stadtteile mit einem hohen Anteil türkischstämmiger Bevölkerung bezeichnet. Als solcher gilt vor allem der Berliner Stadtteil Kreuzberg, wo etwa 25 000 Türken leben. Ein Drittel der 160 000 Einwohner Kreuzbergs sind Ausländer und davon sind die Hälfte Türken. In Berlin leben insgesamt: 123 000 Bürger mit türkischer Staatsbürgerschaft plus mehrere zehntausend türkischstämmige Deutsche. Fälschlicherweise wurde einst das Gerücht in die Welt gesetzt, Berlin sei die zweitgrößte türkische Stadt nach Istanbul bzw. die drittgrößte nach Istanbul und Ankara. Doch da Ankara 3,2 Millionen Einwohner hat, wäre dies nur der Fall, wenn alle Berliner Türken wären. Auch die drittgrößte türkische Stadt kann Berlin nicht sein, da Izmir über 2 Millionen Einwohner hat. Mit Bursa und

Adana gibt es zwei weitere türkische Millionenstädte. Geht man von 150 000 türkischstämmigen Berlinern aus und nimmt man an, dass Berlin die größte türkische Gemeinde außerhalb der Türkei hat, läge Berlin erst auf Rang 51 der Städte mit den meisten Türken. Nach Berlin ist Köln die deutsche Stadt mit den meisten Bewohnern mit türkischer Staatsbürgerschaft (2007: 65 000). In Köln-Mülheim hat die Keupstrasse mit ihren zahlreichen türkischen Geschäften, Dienstleistungsbetrieben und Restaurants den Spitznamen ‚Klein-Istanbul‘. Die drittgrößte türkische Gemeinde hat Hamburg (55 000), hier gelten Teile Altonas als ‚Klein-Istanbul‘. Relativ hoch ist der türkische Bevölkerungsanteil in Duisburg, wo 42 000 Einwohner türkische Staatsbürgerschaft besitzen und mehr als 10 000 Deutsche türkischstämmig sind. In den Stadtteilen Bruckhausen und Marxloh bilden Türkisch-stämmige eine deutliche Bevölkerungsmehrheit. Weitere deutsche Städte mit einer großen Zahl von Bewohnern mit türkischem Pass sind München (43 000), Frankfurt (31 000), Dortmund (27 000), Bremen (24 000), Stuttgart (22 000) und Nürnberg (21 000).

In Österreich ist Wien die Stadt mit den meisten Personen mit türkischer Staatsbürgerschaft (44 000), gefolgt von Graz (4000) und Linz (3000). In Basel und Zürich leben jeweils etwa 10 000 Türken. Als Klein-Istanbul Basels gilt der Stadtteil Klein-Basel. Die Straßenbahnlinie Nr. 14, die ihn mit der Innenstadt verbindet, wird im Basler Volksmund auch *Orient-Express* genannt. Die Neue Zürcher Zeitung meinte in einem Artikel, dass der Spitzname eigentlich Klein-Pazarcik heißen müsste, denn die meisten Türken des Quartiers wären Kurden und kämen aus der Gegend dieser osttürkischen Stadt.

In den Niederlanden hat Rotterdam die größte türkische Gemeinde (45 000), gefolgt von Amsterdam (40 000).

6.3 Klein-Moskau

Stadt	Klein-Moskau
Deutschland	
Berlin	Teile von Friedrichshain
Berlin	Karlshorst (Militär, einst)
Berlin	Marzahn
Bremen	Gröpelingen (politisch)
Chemnitz	Harthau (politisch)
Detmold	Herberhausen (Aussiedler; einst)
Espelkamp	Barackenlager (Aussiedler)
Hamburg	Großneumarkt
Neuss	Stadtteil Erfttal
Schwerin	Neu Zippendorf (Aussiedler)
Wittenberg	Kaserne (Militär; einst)
Wünsdorf	Kaserne (Militär, einst)
Köln	Ehrenfeld, GAG-Siedlung (polit.)
Geesthacht	Stadt (politisch, einst)
Wittenberg	Garnisonsstadtteil (Militär, einst)
Europa	
Karlsbad	Stadt (auch Klein-Russland)
London	Poplar (politisch; einst)

Die Bezeichnung Klein-Moskau hat mehrere Bedeutungen. In den 1920er Jahren wurden politisch sehr rot gefärbte Stadtteile und Städte so genannt. Dazu gehörte beispielsweise der Bremer Arbeiterstadtteil Gröpelingen, von 1918-1933 Hochburg von SPD und KPD und deshalb *Rotes Gröpelingen* und *Klein-Moskau* genannt. Heute hat der Stadtteil mit seiner großen Moschee den Spitznamen *Klein-Istanbul*. Auch Geesthacht, wo nach dem Ersten Weltkrieg die Rüstungsbetriebe schließen mussten und 70% der Erwerbsbevölkerung arbeitslos wurden und wo die KPD bei den Wahlen als stärkste Partei hervorging, galt damals als *Klein-Moskau*. Die

GAG-Siedlung in Köln-Ehrenfeld kam aus ähnlichen Gründen in der Zwischenkriegszeit zu ihrem Namen.

In der DDR wurden wiederum Orte mit russischen Garnisonen als Klein-Moskau bezeichnet. Dazu gehörten beispielsweise Wittenberg, Wünsdorf und Berlin-Karlshorst. Im Jahre 1994 zogen die russischen Soldaten jedoch ab und diese Klein-Moskaus sind heute Vergangenheit.

Und schließlich wurden in den 1990er Jahren auch Orte und Stadtteile mit vielen Aussiedlern aus der ehemaligen Sowjetunion als ‚Klein-Moskau' bezeichnet. Dazu zählt die westfälische Flüchtlings- und Vertriebenenstadt Espelkamp. In Schwerin galt um 2000 der Stadtteil Zippendorf wegen einem hohen Bevölkerungsanteil von Spätaussiedlern aus der ehemaligen Sowjetunion als ‚Klein-Moskau'. Ähnliches galt für den Detmolder Ortsteil Herberhausen oder für den Neusser Stadtteil Erfttal. Wegen zunehmender Dispersion und Integration dieser Aussiedler wird der Beiname für diese Ortsteile und Städte allerdings heute immer weniger verwendet. Klein-Moskau ist also insgesamt auf dem Rückzug und wird irgendwann vielleicht zum rein historischen Begriff. In Berlin, wo 200 000 Russischstämmige leben, 20 000 davon im Ostberliner Plattenbau-Viertel Marzahn, gedeiht allerdings in Marzahn Nord um die Havemannstraße und die Märkische Allee ein relativ neues Klein-Moskau mit russischen Läden und Restaurants.

Die tschechische Kurstadt Karlsbad wird ebenfalls *Klein-Moskau* oder *Klein-Russland* genannt. Hier ist es die große Zahl vermögender Russen, die sich im noblen Kurort eingekauft haben, die der tschechischen Volksmund diese Bezeichnung entlockte.

6.4 Klein-Warschau

Stadt	Klein-Warschau
Bottrop	Ganze Stadt (einst)
Bochum	Stadtteil mit poln. Einwanderern
Leonberg	Zwangsarbeitersiedlung
Hamburg	Wilhelmsburg, nördl. des Vogelhüttendeichs
Habsterdick	Gemeinde
Chicago	Ganze Stadt, Little Chicago
Tel Aviv	Innenstadtquartier

Ebenso wie Klein-Moskau ist heute Klein-Warschau auf dem Rückzug. Vor dem Ersten Weltkrieg hieß Bottrop so, denn wegen des großen Arbeitskräftebedarfs der Bergwerke und der Stahlindustrie waren viele Polen ins Ruhrgebiet gezogen. Diese kamen nicht unbedingt aus dem Ausland, denn auch innerhalb der Reichsgrenzen, die im Osten Posen einschlossen, gab es große polnischsprachige Gebiete. Um 1900 waren 50% der Bevölkerung Bottrops polnischsprachig. Auch in Bochum gab es ein Klein-Warschau und in der Bergarbeitergemeinde Habsterdick in Lothringen, welches damals zu Deutschland gehörte.

In Hamburg galt einst eine nördlich des Vogelhüttendeichs gelegene Siedlung in Wilhelmsburg wegen der dort beschäftigten polnischsprachigen Arbeiter als Klein-Warschau. Nach dem Zweiten Weltkrieg wurden in manchen westdeutschen Städten Flüchtlinge in Immobilien einquartiert, die zuvor polnische und russische Zwangsarbeiter beherbergten. Daraus ergab sich, so im schwäbischen Leonberg, ebenfalls der Spitzname Klein-Warschau.

In Amerika galt einst Chicago, nach Warschau die Stadt mit den meisten Polen, als *Little Warsaw.*

6.5 Klein-Saigon/Hanoi

Stadt	Klein-Hanoi/Saigon
Klein-Hanoi	
Berlin	Großhandelshallen in Lichtenberg
Klein-Saigon	
Aurich	Vietnamesische Gärten
Hrensko (CZ)	Stadt (vietnamesische Händler)
Little Saigon	
Chicago	Argyle Street
Dallas	Garland
Houston	Alief
San Francisco	Larkin Street

Aus unterschiedlichen Gründen gibt es in Europa und den USA vietnamesische Gemeinschaften. In den USA waren es vor allem Flüchtlinge am Ende des Vietnamkrieges, die die Zahl der Vietnamesen im Land in die Höhe schnellen ließ (heute leben 1.6 Millionen Vietnamesen in den USA). In den USA gibt es heute deshalb etliche *Little Saigons*. Nach dem Krieg versuchten zudem zahlreiche vor allem chinesischstämmige Vietnamesen per Boot aus dem Land zu fliehen. Insgesamt kamen einschließlich Familienzusammenführung 40 000 vietnamesische Boat People nach (West-) Deutschland. In der DDR arbeiteten wiederum zur Zeit der Wende etwa 60 000 vietnamesische Gastarbeiter. Auch in der ehemaligen Tschechoslowakei gab es vietnamesische Gastarbeiter. Etliche davon wurden nach der Wende nach Vietnam abgeschoben. Manche blieben und schlugen sich als Schwarzhändler (Zigarettenverkäufer) durch. Mittlerweile haben viele von ihnen Restaurants eröffnet oder sich mit anderen Unternehmungen in den Mittelstand hochgearbeitet, ihre Kinder zeigen überdurchschnittliche Bildungserfolge.

☞Halle-Neustadt wird übrigens auch *Hanoi* genannt.

6.6 Little Manila

Stadt/Region	Little Manila
New York	Brooklyn-Canarsie
New York	Queens 69th Street
Jersey City	Five Corners
Los Angeles County	Filippinotown
Los Angeles County	Eagle Rock
Los Angeles County	Cerritos
Los Angeles County	Panorama City
Los Angeles County	Long Beach
Hawaii-Oahu	Waipahu
Virginia	Hampton Roads
Toronto	Scarborough
Sydney	Blacktown
Seoul	Hyehwa
Palermo	Little Tondo

Die Philippinen sind ein wichtiges Auswanderungsland. Sie versorgen die Weltwirtschaft unter anderem mit Seemännern, Krankenschwestern und Informatikern. Wie im übrigen Ostasien ist die philippinische Bevölkerung bildungsorientiert. Gleichzeitig weisen die katholischen Philippinen Merkmale einer lateinamerikanischen Gesellschaft und Wirtschaft auf, mit Korruption, fehlender Industrialisierung und Infrastrukturdefiziten. Fehlende ökonomische Perspektiven im Land, kombiniert mit einer relativ hohen Geburtenrate und guten Englischkenntnissen, führen zu einer hohen Auswanderungsrate, vor allem in die USA, wo es in vielen Städten, darunter vor allem den Großräumen Los Angeles und New York Little Manilas gibt. Philippinos arbeiten aber auch als Kindermädchen in Hongkong, als Putzfrauen in Seoul oder als Krankenschwestern in Großbritannien. Sogar in Palermo gibt es ein Philippinoviertel, Little Tondo genannt.

<u>6.7 weitere Little...</u>

Stadt	Little..
Miami	Little Havana
Oslo-Grönland	Little Karachi
Washington Shaw section	Little Addis Ababa
Tokio Kasushika Ward	Little Addis Ababa
Nairobi-Eastleigh	Little Mogadishu
Johannesburg-Hillbrow	Little Lagos
Johannesburg-Ponte Hochhaus	Little Lagos
London-Peckham	Little Lagos

Seit der Machtübernahme durch Fidel Castro sind etwa 800 000 Kubaner in die USA ausgewandert. Insgesamt leben heute 1.2 Millionen Kubaner in den USA. Ein Großteil von ihnen lebt in Florida, vor allem im Großraum Miami, wo es einen Stadtbezirk gibt, der offiziell *Little Havana* heißt. Über 90% der Einwohner des Stadtviertels sind Hispancis (spanischsprachige Lateinamerikaner), darunter allerdings immer weniger Kubaner. Denn die US-Kubaner, die sich in der Volkszählung überwiegend als Weiße deklarieren, sind in der Regel geschäftlich erfolgreich und lassen sich gerne in Mittelschichtsquartieren nieder.

In Oslo stellen Pakistaner mit über 20 000 Menschen die zahlenmäßig größte Einwanderergruppe. Mittlerweile gibt es in der Innenstadt Oslos ein (trendiges) Viertel, welches ‚Little Karachi' genannt wird.

Tokio ist eine Stadt mit relativ geringem Migrantenanteil, nur 5% der Bevölkerung sind Ausländer. 39 Äthiopier, die im Kasushika Ward leben, reichen bereits aus, diesem zum Beinamen ‚Little Addis Ababa' zu verhelfen.

Nach Südafrika wandern immer mehr Nigerianer ein. Johannesburg-Hillbrow sowie das Ponte-Hochhaus der Stadt werden bereits ‚Little Lagos' genannt.

7. Stadtteile und Zahlen

7. 1 Postzustellbezirke

Deutschland (ehemalige)

Die feine 13

Von 1961 bis 1993 galten in der Bundesrepublik vierstellige Postleitzahlen. In Großstädten kam hinter den Stadtnamen der Postzustellbezirk hinzu. Manche Postzustellbezirksnummern waren fast deckungsgleich mit attraktiven Stadtteilen und galten deshalb als begehrenswerter Adressbestandteil. In Hamburg galt die 13 als ‚fein‘, zu ihr gehörte der edle Stadtteil Harvestehude. In München beschrieb die 40 (Schwabing) eine begehrte Adresse.

SO 36 - die Legende

Die (West-)Berliner Postzustellbezirke der Zeit vor 1993 stammten aus Reichsbahnzeiten und waren Bahnhöfen zugeordnet, so SO 36 dem südöstlich der Innenstadt gelegenen Görlitzer Bahnhof. Nach der Teilung Deutschlands wanderte das Bürgertum aus diesem hart an der Mauer gelegenen Stadtteil zunehmend ab und westdeutsche alternative Jugend-Bohème wanderte zu. In den 1980er Jahren war hier ein quirliges alternatives Milieu vorhanden, welches zum Spruch (SO) 36 brennt, (SW) 61 pennt. Noch heute gilt SO36 als legendär. Heute nennt sich deshalb eine Kneipe in Kreuzberg SO 36.

Bochums 7up

In Bochum lag der Stadtteil Langendreer im Postzustellbezirk 7. Noch heute ist dies nicht vergessen, denn eine neuere Initiative für Langendreer nennt sich *7up*.

Liverpool 8

Toxteh gehört zum Liverpooler Postzustellbezirk 8. Der Beatle Ringo Starr wurde in Toxteh im Liverpooler Postzustellbezirk 8 geboren. Toxteh ist ein innenstadtnahes Viertel mit hohem Migrantenanteil, welches 1981 durch die *Toxteh Riots* Schlagzeilen machte. Im Jahr 2008 brachte Ringo Starr ein Album (und eine Single) mit dem Titel Liverpool 8 heraus.

Dublin 4

Dublin 4 ist ein Postzustellbezirk im wohlhabenden Süden Dublins. In Irland steht *Dublin 4* oder *D4* auch für den liberal-elitären Städter im Gegensatz zu den ‚einfachen Leuten vom Lande'. In den 1980ern versuchten zudem Bewohner dieser Stadtgegend einen eigenen Akzent zu kultivieren, der später Dublin 4 oder, nach dem lokalen Nahverkehrsunternehmen DART, *Dartspeak* genannt wurde. Die Eigenschaften des D4-Bewohner werden von der fiktiven Figur Ross O'Carroll-Kelly verkörpert, die 1998 durch eine Zeitung kreiert wurde.
Allgemein gelten in Dublin einstellige Postzustellbezirksnummern als attraktiver als zweistellige, welche mit weit draußen gelegenen und verkehrlich deshalb schlecht erreichbaren Stadtvierteln assoziiert werden. Als Dublin 6 1985 in zwei Teile gespalten wurde, protestierten etliche Bewohner gegen die Nummer 26 für die innenstadtfernere der beiden Hälften. Schließlich gab die Post nach und nummerierte den neuen Distrikt mit 6W.

Londons WC

Zu den prestigeträchtigsten Postbezirken Londons gehört Westminster SW1. Auch der Western Central Bezirk ist nicht schlecht - trotz seiner Abkürzung WC.

90210 - die berühmteste Postleitzahl der Welt

Durch die von 1990 bis 2000 laufende US-Fernsehserie *Beverly Hills 90210* wurde 90210 zur berühmtesten Postleitzahl der Welt. Eigentlich hat Beverly Hills auch noch die Postleitzahlen 90211-13, aber durch die Serie wird die Stadt hauptsächlich mit der 90210 assoziiert. Beverly Hills ist eine selbstständige Stadt, doch so sehr Teil der Agglomeration Los Angeles, dass es den Charakter eines Vororts bzw. Stadtteils hat.

New York - die exklusive 10021

Die Upper East Side in Manhattan ist die exklusivste Gegend New Yorks. Nirgends in den USA ist die Millionärsdichte höher. Die entsprechende Postleitzahl 10021 gilt deshalb als begehrter Adressbestandteil. Seit 1. Juli 2007 ist diese Postleitzahl noch exklusiver. Denn ein nördlicher und ein südlicher Teil des Gebietes bekamen die Postleitzahlen 10065 bzw. 10075.

(60) 439 Frankfurt

Die 1993 in Deutschland eingeführten fünfstelligen Postleitzahlen haben in der Bevölkerung keine Assoziativfunktion bekommen und sind nicht zu Codes für Stadtteile geworden. Eine Ausnahme ist die Frankfurter Nordweststadt mit ihrem Code 60439. Die letzten drei Ziffern 439 wurden vom örtlichen Rapduo Hanybal &Solo als Bandname verwendet. Auch für andere junge Musiker aus diesem Stadtviertel steht 439 für ‚Nordi‘, die Nordweststadt.

212 - Manhattan

Stadtteile haben nur sehr selten und in sehr großen Städten eigene Vorwahlnummern. Ein Beispiel ist Manhattan, mit seiner Vorwahl 212. Ursprünglich war dies die Vorwahl für ganz New York, doch die Nummern wurden immer knapper. So bekamen 1985 Queens, Brooklyn und Staten Island die Vorwahlnummern 718. Im Jahr 1993 bekam auch die Bronx die Vorwahl 718. So wurde die 212 zu einer Vorwahl für Manhattan und gilt mittlerweile als Code für den Stadtteil. Sogar Souvenirs wie Tassen wurden mit einem stilisierten Apfel (New York als Big Apple) und der Zahl 212 dekoriert. Mittlerweile gibt es auch in Manhattan andere Vorwahlen, aber die 212 ist immer noch die prestigeträchtigste und keiner gibt sie gerne auf.

Washington hat übrigens die Vorwahl 202, Los Angeles die 213 und Chicago 312.

Londons Vorwahlnummern

Bis 1990 war die Telefonvorwahl 01 ein Synonym für den Großraum London. Am 6. Mai 1990 wurde der Raum London in zwei Vorwahlen aufgespalten 071 für Inner London und 081 für Outer London. Im April 1995 kam zu beiden Vorwahlen noch eine 1 dazu (0171 bzw. 0181). Im April 2000 wurden beide Gebiete wieder unter einer einheitlichen Vorwahl (020) vereint. Die Bevölkerung hatte sich jedoch bereits daran gewöhnt, innere und äußere Stadtviertel Londons an der Vorwahl zu unterscheiden und vermutet nun (fälschlicherweise) die Zahlenfolge 0207 und 0208 würden verschiedene Gegenden Londons kennzeichnen.

Das 21. Arrondissement (Paris)

Paris hat 20 Arrondissements. Die deutsche Modehauptstadt Düsseldorf soll von Napoleon als Klein-Paris bezeichnet worden, was den Einwohnern bis heute schmeichelt. Diese sehen Düsseldorf denn auch als ‚21. Arrondissement von Paris'. Als solches wird auch das Seebad Deauville in der Normandie bezeichnet. Auch Londons South Kensington gilt durch französische Zuwanderer mittlerweile als 21. Arrondissement.

Der 13. Stadtkreis (Zürich)

Zürich hat 12 Stadtkreise (Stadtbezirke). Eingemeindungen sind in der Schweiz, wo jede Gebietseinheit ihre Eigenständigkeit verteidigt, relativ selten. Die östlich an die Stadt Zürich angrenzende Gemeinde Dübendorf wächst jedoch immer mehr mit der benachbarten Großstadt zusammen. So wird sie manchmal als 13. Stadtkreis Zürichs bezeichnet. Weil dort viele Züricher Urlaub machen oder Ferienwohnungen besitzen, wird auch das Wallis gelegentlich als 13. Stadtkreis bezeichnet.

The 6th Borough (New York)

New York setzt sich aus den 5 Boroughs Manhattan, Brooklyn, Bronx, Queens und Staten Island zusammen. Als 6th Borough wird gelegentlich, vor allem auch von Künstlern, Philadelphia bezeichnet (manchmal auch Miami, bzw. Hoboken). Denn etliche New Yorker Künstler sind wegen der hohen Immobilienpreise bereits in das preiswertere Philadelphia abgewandert. Dort finden sie allerdings eine Kriminalitätsrate vor, die diejenige New Yorks in den Schatten stellt. Auch Tagespendler gibt es von Philadelphia nach New York, mit der Bahn erreicht man Manhattan in einer guten Stunde.

8. Grenzlinien und Gefälle

8.1 Windrichtung

Beste Wohnge-biete im	Beispiele
Westen	London, Paris, Berlin, Hamburg, Wien, Düsseldorf
Osten	Brüssel, Dresden, Hannover
Norden	Kopenhagen
Süden	München, Köln, Essen, Dublin

Zu Zeiten der Industrialisierung litten europäische Großstädte unter erheblichen Schadstoffemissionen. Aufgrund der herrschenden Windrichtung liegen in westeuropäischen Metropolen deshalb noch heute die gehobenen Wohngebiete im Westen der Stadt. Dies trifft etwa auf London, Paris, Wien, Hamburg und Berlin zu. Ausnahme sind Städte, die früher eher von Leichtindustrie oder von Residenzfunktionen gekennzeichnet waren, wie Brüssel und Dresden. Manchmal führt auch die Topographie und die Nähe von Waldgebieten zu Abweichungen, so in München und Stuttgart. An der amerikanischen Ostküste bläst der Wind eher von Osten. Im Osten liegt zudem das Meer. So gehören im Großraum New York die auf Long Island im Osten der Metropole gelegenen Vorstädte zu den begehrten Wohnlagen. In der Stadt New York ist die Upper East Side von Manhattan die beste Wohnlage.
In China ist die Situation ähnlich wie im Nordosten der USA, das Meer liegt im Osten, von dort kommen maritime Luftmassen. Zudem waren die chinesischen Städte historisch streng nach dem Kompass ausgerichtet. In Peking wohnten die Reichen traditionell im Osten der Stadt, die Adligen jedoch im Westen und die Armen im Süden, aber auch im Norden der Stadt.

<u>8.2 Höhenlage</u>

Beste Wohnlage	Beispiele
Höhenlagen	Frankfurt (Taunusvororte), Los Angeles, Wien, Zürich, Sofia
Halbhöhenlagen	Stuttgart
Tiefe Lagen	La Paz, Rio de Janeiro

Allgemein wohnen in Städten die Wohlhabenden eher in den höher gelegenen Gebieten, die ärmeren Bevölkerungsgruppen dagegen in den tiefer gelegenen. Das hat mehrere Gründe. Zum einen ist die Aussicht ein Qualitätsmerkmal eines Wohnstandortes und die ist in Höhenlagen besser. Höhenlagen bieten oft Nähe zu Wäldern und, zumindest von einer Seite, wenig einsehbare Standorte. Auch die Luftqualität verbessert sich mit der Höhe. Tiefere Lagen sind dagegen oft durch Verkehrsinfrastruktur verlärmt oder sie befinden sich in der Nähe von Industriegebieten mit schlechter Luftqualität. Kein Wunder, dass Leute, die es sich leisten können in solchen Städten Höhenlagen als Wohnstandorte wählen. Andererseits sind die topographisch am höchsten gelegenen Gebiete oft weit von der Innenstadt oder von Nahversorgungseinrichtungen entfernt. In manchen Städten sind deshalb die mittleren Höhenlagen die begehrtesten Wohnstandorte, so etwa in Stuttgart, wo so genannte Halbhöhenlagen am gefragtesten sind. Eine besondere Situation weist das über 3000 m hoch gelegene La Paz auf. Hier wohnen die Wohlhabenden in den tieferen und dadurch wärmeren Gegenden, während die arme indianische Bevölkerung im hochgelegenen Stadtteil El Alto friert. In anderen Städten Lateinamerikas machen sich an den Hängen ausbreitende Elendssiedlungen und Hangrutschungen bei Starkregen Höhenlagen nicht unbedingt zu begehrten Adressen. In Rio wohnen die Reichen in Hochhäusern am Strand, die Armen in Hütten am Hang.

Obwohl Flüsse im Mittelalter transporttechnisch eine wichtige Funktion hatten stellten sie doch auch wichtige Barrieren dar. Je breiter ein Fluss, desto relativ kleiner war der Teil der Stadt, der sich auf der anderen Seite entwickelte. Manche Flüsse teilen noch heute Städte in eine ‚bessere‘ und eine weniger gut angesehene Hälfte. Beispiele sind Köln mit seiner rechtsrheinischen *schäl Sick* (schlechte Seite), Hamburg, wo südlich der Elbe weniger angesehene Stadtteile liegen, Wien, wo sich östlich der Donau das flache, städtebaulich erst spät entwickelte Transdanubien ausbreitet. Diese Gebiete, aber auch die nördlich des Alserbaches gelegenen, werden in Wien auch als *entern Gründ* bezeichnet. In Ratingen-West hat der Haarbach den Spitznamen ‚Klassengraben‘, denn auf der einen Seite liegen Wohnblöcke des sozialen Wohnungsbaus, die heute soziale Brennpunkte darstellen, während sich auf der anderen Seite Einfamilienhausgebiete der Mittelschicht finden. In Lissabon und im südlichen Portugal allgemein sind die jenseits (südlich) des Tejo (Alentejo) gelegenen Gebiete die weniger entwickelten. In Rom hat die Lage auf der anderen Seite des Tiber einem Stadtteil seinen Namen gegeben (Trastevere). *‚Berlin wurde aus dem Kahn‘* erbaut und entstand in einer Flussinsel, aber die Flussseiten spielen in der Identität von Berliner Stadtgebieten nur eine geringe Rolle. Dasselbe gilt für Hannover- *‚der einzigen Großstadt, in welcher die Männer ihre Frauen an der Leine spazieren führen‘*. In Paris gelten die südlich der Seine gelegenen Stadtteile, die Hochschulstandorte und das Quartier Latin einschließen, als *Rive gauche* (linke Flussseite), was auch für die politische Orientierung der Intellektuellen in diesen Stadtgebieten stand.

De schäl Sick

Im Rheinland wird die schlechtere Flussseite von Städten als die *„schäl Sick'*, die scheele, falsche Seite also bezeichnet. Die gilt insbesondere für Köln und Bonn und hat vermutlich den Ursprung in Römerzeiten, da die Römer nur die linksrheinischen Gebiete besiedelten.

In Düsseldorf ist die linksrheinische Seite eigentlich die schlechte, aber einen großen Einfluss auf das Image der Stadtteile hat dies hier nicht, denn linksrheinisch liegt der begehrte Stadtteil Oberkassel. In Koblenz liegt für die Bewohner von Stadtteilen die falsche Seite immer auf der anderen Seite des Rheins. Im Rhein-Main-Gebiet sehen sich die Rivalen Mainz und Wiesbaden jeweils auf der falschen Seite, der *ebsch Seit*.

An der Mosel gilt meist die linke Flussseite als die schlechte.

Stadt	Falsche Seite	Rheinseite
Köln	schäl Sick	Rechte
Bonn	schäl Sick	Rechte
Düsseldorf	Schäl Sitt	Linke
Koblenz	Scheel Seit	Jeweils andere
Mainz	Ebsch Seit	Rechte
Wiesbaden	Ebsch Seit	Linke

Hibbdebach und Dribbdebach

In Frankfurt ist der Main ein relativ zahmes Gewässer, die Stadt entstand ihrem Namen nach ja auch an einer Furt über den Fluss. Der Main wird hier im Volksmund als „Bach' bezeichnet. Das Nordufer liegt Hibbdebach (Hüben vom Bach), das Südufer Dribbdebach (Drüben, auf der anderen Bachseite). Dribbdebach ist deshalb auch ein Ausdruck für das auf der Mainsüdseite gelegene Sachsenhausen. Aus süddeutscher Sicht ist der Main übrigens eine Kulturgrenze („Nördlich der Mainlinie').

8.4 Straßen und Schienen

Stadt	Infrastruktur	Form
Berlin	S-Bahnring	Hundekopf
Chicago	Hochbahn	Schleife (Loop)
Brüssel	Kleiner Ring	Pentagon

In Berlin hat der S-Bahnring um die inneren Stadtgebiete die Form eines Hundekopfes. Der S-Bahnring und das von ihm umschlossene Gebiet Berlins werden deshalb von Planern als Hundekopf bzw. *Großer Hundekopf* bezeichnet. Das Stadtzentrum Berlins selbst wird entsprechend manchmal auch als *kleiner Hundekopf* bezeichnet. In Leipzig ist das (rudimentäre) S-Bahn-System herzförmig. Diese Tatsache hat jedoch keine Gebietsbenennung ausgelöst. In Brüssel bildet der die Innenstadt umschließende Straßenring ein Fünfeck, deshalb werden die inneren Brüsseler Stadtgebiete auch als *Pentagon* bezeichnet. Die Form von Paris mit seinen spiralförmig angeordneten Arrondissements wird auch als *Schnecke* gesehen. Der Stadtgrenze entlang verläuft eine Ringautobahn, die *Périphérique*. In Chicago wird die Innenstadt von einem rechteckigen Hochbahnring erschlossen, der the Loop genannt wird. Daraus wurde the Loop (die Schleife) als Bezeichnung für den innerstädtischen Geschäftsbezirk Chicagos. Brasiliens Hauptstadt Brasilia hat die Form eines Flugzeugs. Breite Straßen bilden den Rumpf. Ein stadtstrukturprägendes öffentliches Verkehrssystem fehlt allerdings. In Karlsruhe laufen in der Innenstadt die Straßen fächerartig auf die Schlossachse zu, Karlsruhe wird deshalb Fächerstadt genannt. In Mannheim wird die Innenstadt auch die *Quadrate* genannt, da sie quadratische Straßenblöcke aufweist, die auch entsprechend benannt sind. Die Quadrate umschließt ein halbkreisförmiger Straßenring.

8.5 Politische Grenzen

Stadt	Grenzlinie
Berlin	‚Mauer' (1961-1989)
Beirut	Grüne Linie (1975-1990)
Nikosia	Green Line (1974-)

Wenige Monate vor dem Bau der Berliner Mauer im August 1961 meinte DDR-Staatsratsvorsitzender Walter Ulbricht *‚niemand hat die Absicht, eine Mauer zu bauen.'* Mehr als 28 Jahre stand diese Westberlin umgebende Grenzbefestigungsanlage. Berlin wurde scherzhaft auch als ‚Stadt mit der am besten erhaltenen Stadtmauer der Welt' bezeichnet. Im November 1989 kam es teilweise durch ein bürokratisches Versehen zu einer Grenzöffnung und zum Fall der Mauer. Bald machten sich ‚Mauerspechte' an das Bauwerk und seither werden echte und vermeintliche Mauerreste als Souvenirs an Touristen verhökert. Politische Grenzen haben auch andere Städte im 20. Jahrhundert geteilt oder tun dies noch immer. Die libanesische Hauptstadt Beirut wurde 1975-1990 durch die Demarkationslinie Grüne Linie (Green Line) in ein christliches Gebiet im Norden und Osten und ein muslimisches Gebiet im Westen und Süden geteilt. Im Bürgerkrieg wurden viele Gebäude entlang der *Grünen Linie* zerstört.

Eine weitere Grüne Linie gibt es noch heute in der zypriotischen Hauptstadt Nikosia. Sie trennt ebenfalls eine muslimische von einer christlichen Stadthälfte. Zudem teilt sie nicht nur die Stadt, sondern das ganze Land. Doch hier stehen eher die Ethnien (griechischsprachige Zyprioten versus türkischsprachige Zyprioten) als die Religion im Vordergrund. Entlang der Grünen Linie Nikosias gab es kaum Zerstörungen, aber physisch besteht die Grenze dennoch weiterhin.

9. Essen und Trinken

9.1 Gourmetviertel

Europa	
Athen	Psiri
Barcelona	Born
Berin	Kreuzberg
Brüssel	St. Catherine
Istanbul	Nisantasi
Paris	16. Arrondisssement
Straßburg	La Petite France
Rom	Trastevere
Wien	Naschmarkt
Amerika, Ozeanien	
San Francisco	SoMa District
Sao Paulo	Liberdade
Melbourne	Southgate
Asien	
Hongkong	Kowloon City, Tsim Sha Tsui
Seoul	Samcheong-dong
Tokio	Ginza

In Deutschland gibt es trotz wachsender Zahl von Michelinsternen noch kein ausgesprochenes großstädtisches Gourmetviertel. Gourmetviertel finden sich eher in südeuropäischen Großstädten, wo kulinarische Vergnügen suchende Touristen zum Entstehen solcher Viertel beitragen. In Nordamerika sind ausgesprochene Gourmetviertel eher selten. Hier verteilen sich die besten Restaurants über die Stadt oder finden sich in Vororten. Eine Ausnahme ist die Gourmet-Stadt San Francisco. In New York hat Manhattan die besten Restaurants. In Asien gilt Hongkong als kulinarische Metropole. Hongkong weist mehrere Gourmetviertel auf, darunter Kowloon City, Tsim Sha Tsui und Lan Kwai Fong und Soho.

9.2 Feinkost und Bioläden

Feinkostläden finden sich außerhalb der Innenstädte vor allem in bürgerlichen, wohlhabenden Stadtteilen. Ihr Kommen und Gehen ist ein Indikator für die Veränderung der Sozialstruktur von Stadtteilen.

Lindner in Berlin

In Berlin ist die geographische Verteilung der Filialen der Feinkostkette Lindner aufschlussreich. Nach der Wende expandierte Lindner 1991 mit 17 Filialen nach Ost-Berlin, musste aber alle diese Ableger mangels Nachfrage bis 1994 schließen. Nur in Mitte hat sich die Feinkostkette mittlerweile etabliert, hier hat Lindner heute vier Filialen. Ansonsten sind gutbürgerliche West-stadtteile die Domäne der Kette. In Charlottenburg hat Lindner sechs Filialen, in Wilmersdorf fünf und in Zehlendorf drei. In Hamburg ist Lindner mittlerweile ebenfalls vertreten, in Stadtteilen wie Blankenese, Harvestehude und Winterhude.

Bioläden

Ein weiteres Westberliner Gewächs ist die Bio-Kette LPG (die sich nie so genannt hätte, wäre sie aus dem Osten gekommen). Mit Feinkostläden gemein haben Biosupermärkte, dass sie kaum in sozialen Brennpunkten zu finden sind. Allerdings sind sie häufiger in jüngeren und alternativeren Stadtteilen anzutreffen, als die gesetzteres und im Durchschnitt älteres Publikum anziehenden Feinkostläden. Zwei von fünf Berliner LPG-Filialen befinden sich denn auch in Kreuzberg. Im bürgerlicher werdenden, aber immer noch trendigen und öko-orientierten Prenzlauer Berg gibt es ebenfalls eine Filiale. Diese reklamiert für sich, mit 1600 m^2 der größte Biosupermarkt Europas zu sein.

9.3 Keine Aufsteigergetränke

Es gibt erhebliche soziale Unterschiede im Konsum von Getränken, was sich auch in Unterschieden zwischen Stadtteilen im Angebot von Getränken niederschlägt. Mit Problemvierteln wird übermäßiger Alkoholkonsum von Erwachsenen (vor allem Bier) und starker Konsum zuckerhaltiger Limonaden und Colas von Kindern und Jugendlichen assoziiert. In Aufsteigervierteln werden teurere Weine, Milchkaffee und Trendgetränke konsumiert.

Dosenbier im Sixpack

Bier wird von breiten Bevölkerungsschichten konsumiert und wird nicht mit einer bestimmten sozialen Schicht assoziiert. Bier ist allerdings kein Trendgetränk und der Bierverbrauch in Deutschland geht tendenziell zurück. Jüngere Aufsteiger trinken eher alkoholfreie oder exotische Biersorten ausländischer oder kleinerer Brauereien, sozial Benachteiligte eher billige Massenbiere aus Dosen.

Instantgetränke

In Discounterläden erhältliche Billiggetränke werden eher mit sozialer Unterschicht assoziiert. Dazu gehören Limonaden, Colas und Instantgetränke. Stark zuckerhaltiges Instantpulver, versetzt mit künstlichen Geschmackstoffen, die nur noch dem Packungsnamen nach etwas mit richtigem Tee oder Kaffee zu tun haben, scheinen bestimmte Discounterkunden besonders anzusprechen. Übergewicht und Zahnprobleme sind oft die Folge.

Billigfusel

Wein hat einen sozial leicht höheren Status als Bier, vor allem in Gegenden, in denen traditionell wenig Wein getrunken wird. Beim Wein macht die Qualität und der Preis den sozialen Unterschied aus.

Junge Aufsteiger sind neugierig und genießerisch und deshalb aufgeschlossen für neue kulinarische Trends. Bei den Getränken hat sich in den letzten Jahren Hamburg als Trendsetter hervorgetan. Hier wurde die Bionade entdeckt und hier hat sich Latte-Macchiatisierung (inkl. Galao-Milchkaffee) schneller verbreitet als anderswo.

Bionade

Bionade ist ein alkoholfreies Erfrischungsgetränk, das 1995 vom Braumeister Dieter Leipold in einer unterfränkischen Kleinstadt erfunden wurde. 1997 nahm der Hamburger Getränkegroßhändler Göttsche es in sein Sortiment auf und verhalf der Bio-Limonade zum Durchbruch. Bionade wurde zum Trendgetränk junger, leicht alternativ-ökologisch angehauchter Großstädter. Bionade ist mittlerweile etabliert und hat seinen Trendcharakter etwas verloren, gilt aber noch als Indikator- und Symbolgetränk gewisser Gentrifizierungsprozesse. So sprachen Zeitungsartikel bereits von einer *Bionade-Bohème*, einem Wiener Stadtteil als *Bionade-Republik* und einer für den Prenzelberg typischen Haltung als *Bionade-Biedermeier*.

Latte Macchiato

Für den Gentrifizierungsprozess steht auch der Milch-Espresso-Mix Latte Macchiato. Dieses Milchkaffee-ähnliche Warmgetränk spricht vor allem junge kreative Zuzügler in großstädtischen Szenevierteln an und gilt somit als Yuppie-Modegetränk. So wird bereits von einer Lattemacchiatisierung des Hamburger Schanzenviertels, wo etwa junge Aufsteiger ihren Latte in einem Café mit Graffitidesign schlürfen, gesprochen. Auch der portugiesische Milchkaffee Galao ist dort populär, das Schanzenviertel wird heute auch *Galao-Strich* genannt.

Anhang

1. Bohème-Viertel

Europa	
München	Schwabing
Barcelona	Gracia
Belgrad	Skadarlija
Berlin	Kreuzberg
Dresden	Äußere Neustadt
Freiburg	Stühlinger
Istanbul	Serkan Karaman; Beyoglu
Lissabon	Bairro Alto
London	Chelsea, Camden Town, Soho
Madrid	Lavapiès
Mailand	Isola, Colonne di San Larenzo
Paris	Montmartre, Montparnasse, Quartier Latin
Stockholm	Södermalm
Nordamerika	
Chicago	Logan Square
New Orleans	French Quarter
New York	Greenwich Village; East Village. Brooklyn; Bowery
San Francisco	Mission District
Toronto	Kensington Market
Lateinamerika	
Buenos Aires	Recoleta
Lima	Barranco
Mexiko Stadt	Coyoacan; Condesa
Rio de Janeiro	Santa Teresa; Lapa
Santiago	Providencia
Ozeanien	
Sydney	Kings Cross; Newton

2. Stadtviertel, die sich in einem Gentrifizierungsprozess (Yuppisierung) befinden

Deutschland	
Berlin	Kollwitzkiez (Prenzlauer Berg) Spandauer Vorstadt (Mitte) Gräfekiez (Kreuzberg) Simon-Dach-Str (Friedrichshain) Reuterkiez (Neukölln)
Bremen	Steintor/Ostertorviertel
Dresden	Äußere Neustadt
Düsseldorf	Bilk, Hafen, Flingern
Hamburg	Ottensen, St. Georg, St. Pauli Schanzenviertel
Hannover	Linden-Mitte, Nordstadt
Köln	Ehrenfeld
Leipzig	Südvorstadt, Plagwitz
München	Maxvorstadt, Schwanthaler Höhe, Ludwigsvorstadt-Isarvorstadt
Rostock	Kröpeliner-Tor-Vorstadt
Europa	
Bern	Lorraine
Zürich	Seefeld, Aussersihl
Krakau	Kazimierz
Prag	Vinohrady
Stockholm	Södermalm
Wien	Spittelberg, Brunnenviertel

Abgeschlossene Gentrifizierungsprozesse

Frankfurt	Bockenheim, Westend
München	Haidhausen, Schwabing, Neuhausen, Glockenbachviertel
Erfurt	Andreasviertel

Quelle: Wikipedia (deutschsprachige Ausgabe)

3. **In einem Spiegel-Artikel vom 23. August 2018 zum Immobilienmarkt als Szene-Viertel identifizierte Stadtteile deutscher Großstädte**

Deutschland	
Berlin	Friedrichshain Kreuzberg Neukölln-Nord
Bielefeld	Bielefeld West
Bochum	Ehrenfeld
Bonn	Altstadt
Bremen	Das Viertel, Neustadt
Dortmund	Kreuzviertel
Dresden	Äußere Neustadt
Düsseldorf	Flingern
Duisburg	Dellviertel
Essen	Rüttenscheid
Frankfurt	Bahnhofsviertel
Hamburg	Schanzenviertel inkl. Karoviertel
Hannover	Linden, Nordstadt
Köln	Ehrenfeld, Belgisches Viertel
Leipzig	Leipziger Westen (Plagwitz, Lindenau), Südvorstadt, Connewitz
München	Glockenbachviertel
Münster	Hafenviertel (inkl. Hansaviertel)
Nürnberg	Gostenhof (GoHo)
Stuttgart	Stuttgart-Süd (Heusteigviertel)
Wuppertal	Nordstadt/Ölberg, Luisenviertel

Literatur

Otto von Rheinsberg-Düringsfeld
Internationale Titulaturen
Leipzig 1863
http://books.google.de/books?id=GjyNKtU7L9UC&printsec=frontcover&sour
ce=gbs_navlinks_s#v=onepage&q=&f=false

Josef Fellsches, Peter Gronemann
Dortmunder Wortschätzchen
Leck 2008

Josef Fellsches
Duisburger Wortschätzchen
Leck 2008

Josef Fellsches, Rainer Küster
Bochumer Wortschätzchen
Leck 2009

Josepf Fellsches, Frank Schnieber
Essener Wortschätzchen
Leck 2008

Jürgen Meyer
Wat is wat
Das Ruhrstadt-Wörterbuch
Essen 2008

Matthias Rickling
Stadtlexikon- (Fast) alles über Wuppertal
Herkules Verlag, Kassel 2008

Indre Speciunaite, Vykintas Bartkus
Naked Vilnius , Un-Tourist Guide
Vilnius 2007

Webseiten

Urbandictionary
http://www.urbandictionary.com

Big Apple
http://www.barrypopik.com/

Liste sozialer Brennpunkte
http://community.sport1.de/de/thema/liste-der-sozialen-brennpunkte----,110271,40.html

Mundmische
(Neue umgangssprachliche Ausdrücke und Slangworte)
http://www.mundmische.de

Redensarten.de
http://www.redensarten-index.de

Urban Dictionary
http://www.urbandictionary.com

-Langenbach Uznamen, Spott- und Ortsnecknamen
Stadt und Kreis Kassel
http://www.langenbach-info.de/Uznamen/Kassel/kassel.php

www.Ostarichi.info
 -    Zu `entern Gründ

https://hamburgerimmobilien.de
Kaviatäquator (Iserbrook)

https://www.emderzeitung.de/lokales_artikel,-emdens-stadtteile-das-ist-herrentor-_arid,237554.html
Stehkragenviertel

Wikipedia-Seiten

-Berlin SO36
http://de.wikipedia.org/wiki/Berlin_SO_36

-Bronx
http://de.wikipedia.org/wiki/Bronx

-Gentrifizierung
http://de.wikipedia.org/wiki/Gentrifizierung

-Klein-Venedig (Begriffserklärung)
http://de.wikipedia.org/wiki/Klein-Venedig_(Begriffskl%C3%A4rung)

-Ortsnecknamen
http://de.wikipedia.org/wiki/Ortsneckname

Weitere geographische Beinamenbücher von Richard Deiss

(siehe auch www.bod.de)

Der Nabel des Mondes und die Träne im Indischen Ozean
333 Länderbeinamen und wie es zu ihnen kam
Books on Demand, Norderstedt 2010

Von der Blauen Banane zum Rhabarberdreieck
222 Regionsbeinamen und was dahinter steckt
Books on Demand, Norderstedt 2013

Elbflorenz und Sprayathen
555 Städtebeinamen und Stadtklischees von Blechbudenhausen
bis Schlicktown
Books on Demand, Norderstedt 2019

Schwangere Auster und Hohler Zahn
555 Gebäudebeinamen
Books on Demand, Norderstedt 2011

Schicksalsberg und Himmelsauge
777 Landschaftsbeinamen
Books on Demand, Norderstedt 2019